红色广东丛书

彭湃

潘利红 张 冰 著

SPM

南方出版传媒

广东人民出版社

·广州·

图书在版编目（CIP）数据

彭湃/潘利红，张冰著. — 广州 ： 广东人民出版社，
2021.6
（红色广东·广东工农运动领袖）
ISBN 978-7-218-14560-0

Ⅰ.①彭… Ⅱ.①潘… ②张… Ⅲ.①彭湃（1896-
1929）-传记 Ⅳ.①K827=6

中国版本图书馆 CIP 数据核字（2020）第 209565 号

PENG PAI

彭湃　　　潘利红　张　冰　著

出 版 人：肖风华

责任编辑：夏素玲　谢　尚
责任技编：吴彦斌　周星奎
封面设计：河马设计　李卓琪
排版制作：邦　邦

出版发行　广东人民出版社
地　　址：广州市海珠区新港西路 204 号 2 号楼（邮政编码：510300）
电　　话：（020）85716809（总编室）
传　　真：（020）85716872
网　　址：http ∥www.gdpph.com
印　　刷：广东鹏腾宇文化创新有限公司
开　　本：787mm×1092mm　1/16
印　　张：10.5　　字　数：100 千
版　　次：2021 年 6 月第 1 版
印　　次：2021 年 6 月第 1 次印刷
定　　价：38.00 元

如发现印装质量问题，影响阅读，请与出版社（020-85716808）联系调换。
售书热线：（020）85716826

总　序

　　百年征程波澜壮阔，百年大党风华正茂。习近平总书记在党史学习教育动员大会上指出："我们党的一百年，是矢志践行初心使命的一百年，是筚路蓝缕奠基立业的一百年，是创造辉煌开辟未来的一百年。"翻开风云激荡的百年党史，一代又一代中国共产党人，用鲜血和生命浸染了党旗国旗的鲜亮红色，书写了可歌可泣的历史篇章，铸就了彪炳史册的丰功伟绩。一百年来，党的红色薪火代代相传，革命精神历久弥坚，红色基因已深深根植于共产党人的血脉之中，成为我们党坚守初心、永葆本色的生命密码。

　　广东是一片红色的热土，不仅是近代民主革命的策源地，也是国内最早传播马克思主义、最早成立共产党早期组织的省份之一。在新民主主义革命的漫长历程中，广东党组织在中共中央的领导下，发动、组织和领导广东人民开展了一系列广泛而深远的革命斗争。1921年，广东党组织成立后，积极开展工人运动、青年运动，并点燃农民运动星火。第一、二、三次全国劳动大会连续在广州召开，全国工人运动的领导机关——中华全国总工会在广州诞生。中国社会主义青年团第一次全国代表大会在广州召开，促进了全国团组织的建立、发展。在"农民运动大王"彭湃领导下，农潮突起海陆丰影响全国。

1923年，中共中央机关一度迁至广州，中国共产党第三次全国代表大会在广州召开，推动形成了第一次国共合作，建立了国民革命联合战线，掀起了大革命的洪流。随后，在共产党人的建议下，黄埔军校在广州创办，周恩来等共产党人为军校的政治工作和政治教育作出了重要贡献，中国共产党也从黄埔军校开始探索从事军事活动。在共产党人的提议下，农民运动讲习所在广州开办，先后由彭湃、阮啸仙、毛泽东等共产党人主持，红色火种迅速播撒全国。1925年，广州和香港爆发省港大罢工，声援五卅运动，成为大革命高潮时期一个十分引人注目的重要斗争。1926年，在统一广东革命根据地后，国民革命军在广州誓师北伐，以共产党员为骨干的北伐先锋叶挺独立团所向披靡，铸就了铁军威名。在北伐战争胜利推进的同时，广东共产党组织和党领导的革命队伍迅速扩大和发展，全省工农群众运动也随之进入高潮。

1927年"四一二"反革命政变以后，广东共产党组织在全国较早打响反抗国民党反动派血腥屠杀的枪声，广州起义与南昌起义、秋收起义一起，成为中国共产党独立领导中国革命、创建人民军队的伟大开端。随后，广东党组织积极探索推进工农武装割据，在海陆丰建立第一个县级苏维埃政权，并率先开展土地革命，开启了中国共产党领导人民进行的最重大的社会变革。与此同时，广东中央苏区逐步创建和发展起来，为中国革命的发展作出了不可磨灭的贡献。1931年，连接上海中共中央机关与中央苏区的中央红色交通线开辟，交通线主干道穿越汕头、大埔，成功转移了一大批党的重要领导，传送了重要文件和物资，成为土地革命战争时期党的红色血脉。1934年，中央红军开始了举世瞩目的长征，广东是中央红军从中央苏区腹地实施战略转移后进入的第一个省份，中央红军在粤北转战21天，打开了继续前进的通道，成功走向最后的胜利。留守红军在赣粤边、闽粤边和琼崖地区进行了艰苦卓绝的游击战争，高举红旗永不倒。

抗战全面爆发后，中共中央和中共中央长江局、南方局十分重视和加强对广东党组织的领导，选派了张文彬等大批干部到广东工作。日军侵入广东以后，广东党组织奋起领导广东人民开展敌后抗日游击战争，成立了东江纵队、琼崖纵队、珠江纵队、广东人民抗日解放军、南路人民抗日解放军和韩江纵队等抗日武装，转战南粤辽阔大地，战斗足迹遍及70多个县市。华南敌后战场成为全国三大敌后抗日战场之一，党领导的广东人民抗日武装被誉为华南抗战的中流砥柱。香港沦陷以后，在中共中央的领导和周恩来等人的精心策划安排下，广东党组织冲破日军控制封锁，成功开展文化名人秘密大营救，将800多名被困香港的文化名人、爱国民主人士及家眷、国际友人等平安护送到大后方，书写了抗战史上的光辉一页。

解放战争时期，在中共中央的领导下，华南地区大力开展武装斗争，开辟出以广东为中心的七大块游击根据地，成立了中国人民解放军琼崖纵队、粤赣湘边纵队、闽粤赣边纵队、桂滇黔边纵队、粤中纵队、粤桂边纵队和粤桂湘边纵队等人民武装，其中仅广东武装部队就达到8万多人，相继解放了广东大部分农村，在全省1/3地区建立起人民政权，为广东和华南的解放创造了有利条件。在广东党组织的配合下，人民解放军南下大军发起解放广东之役，胜利的旗帜很快插遍祖国南疆。

革命烽火路，红星照南粤。广东见证了中国共产党从新生到大革命、土地革命，再到抗日战争、解放战争等革命斗争全过程。其间，毛泽东、周恩来、刘少奇、朱德、邓小平、叶剑英、彭德怀、刘伯承、贺龙、陈毅、聂荣臻、徐向前、李富春、粟裕、陈赓等老一辈革命家和李大钊、蔡和森、瞿秋白、陈延年、彭湃、叶挺、杨殷、邓发、张太雷、苏兆征、杨匏安、罗登贤、邓中夏、恽代英、萧楚女、阮啸仙、张文彬、左权、刘志丹、赵尚志等一大批革命先烈都在广东战斗过，千千万万广东优秀儿女也在革命斗争中抛头颅、洒热血，留下了光照千秋的革命历史和革命精神。广东这片红色热土，老区苏区遍布全省，大大小小的革命遗址分布各地，留下了宝贵而丰厚的红色文化历史遗产。

习近平总书记强调，中国革命历史是最好的营养剂。重温这部伟大历史能够受到党的初心使命、性质宗旨、理想信念的生动教育，必须铭记光辉历史、传承红色基因。我们有责任把党领导广东人民进行革命斗争的光辉历史和伟大功绩研究深、挖掘透、展示好，全面呈现广东红色文化历史，更好地以史铸魂、教育后人，让全省人民在缅怀英烈、铭记历史中汲取砥砺奋进的强大力量，让人们深刻认识红色政权来之不易，新中国来之不易，中国特色社会主义来之不易，确保红色江山的旗帜永远高高飘扬。

为充分挖掘广东红色文化资源的丰富内涵，我们组织省内党史、党校、社科、高校等专家学者，集智聚力分批次编写《红色广东丛书》。丛书按照点面结合、时空结合、雅俗结合原则，分为总论、人物、事件、地区、教育五个版块。总论版块图书，主要综述中国共产党在广东的革命斗争历史概况，人物版块图书主要讴歌广东红色人物，事件版块图书主要论说党领导广东人民开展革命斗争的历史事件，地区版块图书从地市和历史专题角度梳理广东地域红色文化，教育版块图书着力打造面向青少年及党员的红色主题教材。丛书以相关的文物、文献、档案、史料为依据，对近些年来广东红色文化资源研究成果做了一次全面系统梳理，我们希望这套丛书能为党史学习教育、革命传统教育、爱国主义教育提供重要内容支撑。

一切向前走，都不能忘记走过的路，走得再远、走到再光辉的未来，也不能忘记走过的过去，不能忘记为什么出发。站在"两个一百年"的历史交汇点上，我们要更加坚定自觉地学史明理、学史增信、学史崇德、学史力行，赓续红色血脉，传承红色基因，以一往无前的奋斗姿态、风雨无阻的精神状态，推动广东在全面建设社会主义现代化国家新征程中走在全国前列、创造新的辉煌。

《红色广东丛书》编委会

2021年6月

目　录

　　彭湃自幼聪明伶俐，在同辈中最得祖父疼爱。彭藩曾叮嘱彭湃生母周凤：此儿是我家的千里驹，须妥善教养，我家以后的兴旺，将和他大有关系。1901年，不满5岁的彭湃被送往海丰县城的七圣宫读私塾。不到两年，便认识几百个字，能背诵不少古诗，还会写春联。6岁，进入林祖祠小学。老师林晋亭是前清秀才，又是同盟会会员。他常向学生讲述文天祥、林则徐、洪秀全等历史人物反侵略、反压迫的英雄事迹，使彭湃幼小的心灵早早烙下革命的印迹。因为有私塾基础，加上勤奋好学，彭湃的成绩一直名列前茅，尤其是作文和图画，他的习作经常被"贴堂"示范。

　　1921年8月9日，陈伯华以"事繁不克兼顾本邑学务"为由，宣布辞去海丰劝学所长一职。1921年10月1日，彭湃被推举为海丰县劝学所长。任职第一天，他发表布告，宣布普及教育，推广乡村教育，服务贫苦劳动者。他亲手画了一米多高的马克思和克鲁泡特金两幅大像，挂在自己的办公室，并写了一副对联贴在卧室："漫天撒下自由种，伫看将来爆发时。"接着，彭湃便大刀阔斧对海丰的教育制度进行一系列的改革，包括更新人事，整顿教育行政；发展农村教育，增办女子学校；革新教育内容，增设经济学等新式学科，加强体育教育；革除积弊，改善教师待遇。

第三章　到农民中去

　　中国共产党成立之后，在领导工人运动的同时，也开始发动、领导农民斗争。早在1921年12月，浙江萧山就组织了农民协会。广东也有共产党员主张"唤醒"农民，但一直没有切实的行动。1922年6月，彭湃抱着"我即贫民""我即现社会制度的叛逆者"的态度，只身走入农村，在广东率先开始去发动农民运动。

第四章　领导海陆丰农民运动

　　1923年1月1日，海丰总农会在海丰县城召开大会，正式宣告成立，出席大会的代表有60余人。大会听取了彭湃关于农会筹备经过的报告，讨论通过了农会章程，选出了农会的领导机构——总会长彭湃、副会长杨其珊、财政委员蓝镜清、庶务委员林沛、调查委员张妈安、宣传委员林甦、教育委员马焕新，并决议将会址定于海丰龙山宫。

彭湃聘请了许多知名人士和农民运动领导人前来授课，如谭平山、阮啸仙、廖仲恺、罗绮园、林甦、鲍罗庭、佛朗克、加伦等。廖仲恺在题为《农民运动所当注意之要点》的演讲中，提出"吾人其不欲国民革命成功则已，否则必先去干农民运动"，给学员们以极大鼓舞。

1927年2月23日至26日，潮梅海陆丰农民和劳动童子团第一次代表大会在汕头召开，粤东17个县的代表近400人出席了大会。罗绮园、杨石魂、李春涛及汕头市商民协会、农工商联合会代表，列席了会议。彭湃领导了大会的筹备及召开工作。会议开幕前，他发表《为什么要开这个大会》一文，阐明此会的主旨，即检阅力量、扩大组织、巩固内部，以更好抵抗土豪劣绅的进攻。2月24日，又作了《潮梅海陆丰办事处会务报告》，系统讲述了办事处成立一年来的工作，总结了与敌斗争的经验教训。大会根据报告，具体讨论了如何依靠工农，增强自身力量的问题，最后通过16项决议及宣言，并提议由省农民协会发起组织全国农民协会。

在彭湃的动员下，11月13日，陆丰县第一次工农兵代表大会举行，随即建立了陆丰县苏维埃政府。张威等15人被选为苏维埃政府主席团执行委员。11月18日，海丰县工农兵代表大会召开，3天后成立海丰县苏维埃政府。杨望等13人任海丰县苏维埃政府委员，林彬等4人任海丰县苏维埃政府裁判委员会委员。两次大会召开期间，彭湃始终承担着具体的领导、组织工作。

彭湃为中国革命事业作出的贡献，永载史册。他用鲜血和生命铸成的丰碑，永世长存！

第一章

家世与求学

彭湃（1896—1929），乳名天泉，学名汉育，留学日本时改名彭湃，广东海丰县人。中国共产党创建时期的重要领导人，无产阶级革命家，杰出的农民运动领袖，100位为新中国成立作出贡献的英雄模范人物之一。彭湃平生事业大半与贫苦农民群众为伍。他舍弃优裕的生活，全身心投入农民运动及中国革命事业当中，努力教育、组织并领导民众，为改变自身的生活境遇而奋斗，并献出了宝贵的生命。彭湃也因此被毛泽东称为"农民运动的大王"。

彭湃祖籍陆丰吉康，后来移居海丰。南宋末年，右丞相兼枢密使文天祥率残部退至海丰，遭到元兵围困，不敌被俘，随即被"解赴燕京，禁闭三年，作《正气歌》。元世祖不忍杀，诏劝之降，终不屈而就义"。明朝嘉靖年间，海丰人于五坡岭建起"方饭亭"，下侧建有"表忠祠"。到了近代，海丰人同样用热血写下自己的抗争和不屈，如19世纪50年代初的黄履恭、王宇春发动的农民起义，1895年民间秘密结社"三合会"首领洪亚重发动的大嶂山起义，这些流传在海丰民众中的英雄故事与抗争史话，潜移默化地

海丰五坡岭方饭亭石碑《宋文山公传略》

激励着年少的彭湃。

清道光年间，彭湃曾祖父彭魁由陆丰搬到海丰，在桥侧开了一间经营杂货兼做经纪的商店，取名"彭名合"。彭湃祖父彭藩继承家业后，生意愈发兴隆，于是大量购置田地，至彭湃出生时，彭家已是当地首屈一指的"大户"。彭湃儿时，中国民族危机日益深重，维新改革与民主革命潮流风起云涌，这些社会进步思想也传播到海丰，给彭湃以巨大的心灵触动。

彭湃自幼聪明伶俐，在同辈中最得祖父疼爱。彭藩曾叮嘱彭湃生母周凤：此儿是我家的千里驹，须妥善教养，我家以后的兴旺，将和他大有关系。1901年，不满5岁的彭湃被送往海丰县城的七圣宫读私塾。不到两年，便认识几百个字，能背诵不少古诗，还会写春联。6岁，进入林祖祠小学。老师林晋亭是前清秀才，又是同盟会会员。他常向学生讲述文天祥、林则徐、洪秀全等历史人物反侵略、反压迫的英雄事迹，使彭湃幼小的心灵早早烙下革命的印迹。因为有私塾基础，加上勤奋好学，彭湃的成绩一直名列前茅，尤其是作文和图画，他的习作经常被"贴堂"示范。

放学后，彭湃接触最多，相处最密的是母亲周凤。周凤出身贫苦，从小被卖作婢女，16岁嫁到彭家，她常给彭湃讲述穷苦人家的故事。受母亲影响，彭湃很小就对贫苦群众怀有强烈的亲近感和同情心。彭湃10岁时，父亲与嫡母相继去

彭湃故居

世，周凤便承担起教育彭湃的全部责任。

1912年，彭湃16岁，受家庭之命，与蔡素屏结婚。彭湃对这一旧式"包办婚姻"不满，但担心误了女方一生，最终同意成亲。婚后，彭湃说服蔡素屏放开小脚，丢掉缠脚布，并抽出课余时间，亲自为妻子补习文化知识。在丈夫的帮助下，蔡素屏逐渐从一名经受封建桎梏的妇女，变成一位知书明理，又有崇高政治觉悟的"新女性"。1927年，蔡素屏加入中国共产党，任海丰县妇女解放协会主任。1928年6月被叛徒出卖被捕。临刑前，她向周围群众高呼"农会万岁"！彭湃与蔡素屏相伴16载，生有四男：彭独、彭绛、彭仕禄、彭洪。

1913年秋，彭湃小学毕业，考入海丰中学。在林晋亭等老师的支持下，彭湃与同学发起成立"群进会"，以"互相切磋、共同进步"为宗旨，宣传民主革命及社会政治学说。当时，学校里新学和旧学之争十分激烈。一次，以陈月波、马剑郎等豪绅为学校旧派力量，他们为攀附海陆丰驻军统领林干材，为林塑了一座石浮雕像。彭湃偕同"群进会"会员，到处张贴"墙红"，历数林干材的罪状，并偷偷地把雕像砸碎。陈月波指使人四处搜罗肇事人，彭湃因躲藏及时，幸而逃脱。

1916年冬，彭湃因石像事件避到广州，产生出外读书的想法。1917年初，进入广府中学。这所学校当时是提倡"新学"、推行新式教育的典范。但彭湃仍不满足，几个月后，

蔡素屏

他又登上前往日本的海轮。1917年6月，到达日本东京。9月，考入专门为中国留学生进行预备教育的东京成城学校。1918年5月3日，彭湃于东京成城学校毕业。同年9月30日，考入早稻田大学专门部三年制的政治经济科。

留日期间，彭湃处处遭受歧视和不公平待遇，激发了他炽热的民族情感。在留学初期，他的思想，大体是狭隘国家主义与粗浅民主主义的混合体。他甚至一度接触基督教，试图从《圣经》宣扬的"平等""博爱"中寻求救国救民的真理。但随着接触和学习社会主义思想，彭湃很快就从那些空洞、虚妄的理论中解脱出来，从一名狭隘的民族主义者，转变为具有世界情怀的社会主义者。

彭湃就读的早稻田大学，是日本早期传播社会主义学说的主要阵地。1919年9月，彭湃加入学校内部一个旨在研究社会主义等诸家学说的学术团体——"建设者同盟"。该团体非

日本留学时的彭湃

常重视农民问题，经常组织成员到农村进行调研和生产实践活动。彭湃多次与会员一起参加支持农民减租、保障耕种权利的调查和实践，这启发了他对中国未来革命运动的思考。在一次与留日中国共产党早期组织负责人施复亮（施存统）的交谈中，彭湃就认为中国是农民占多数，中国的革命要依靠农民。

1920年10月，彭湃与李春涛等于东京神田区"松叶馆"寓所，发起组织"赤心社"。"赤心"，寓意"一心学习俄国"。他们组织学习《共产党宣言》及河上肇有关社会主义的研究著作，讨论俄国十月革命经验，以及国际国内的发展形势。1920年11月，日本堺利彦、大杉荣和朝鲜的权无为等在东京创立"戈思母"（cosmo，世界、宇宙之义）俱乐部，成员来自日本、中国、朝鲜、东南亚及欧美等国，是一个接近无产阶级国际主义的组织。彭湃一开始便是这一组织的成员，并是该团体活动的积极参与者。其间，他结识了许多进步学者，如日本最早的马克思主义传播及研究者河上肇、社会问题专家大山郁夫、北泽新次郎等。为深入了解社会主义学说，他经常去京都帝国大学听河上肇讲课，并多次登门求教。

可以说，彭湃在毕业归国前，在思想上已基本是一名马克思主义者了。

1921年赤心社成员合影，正中为彭湃。

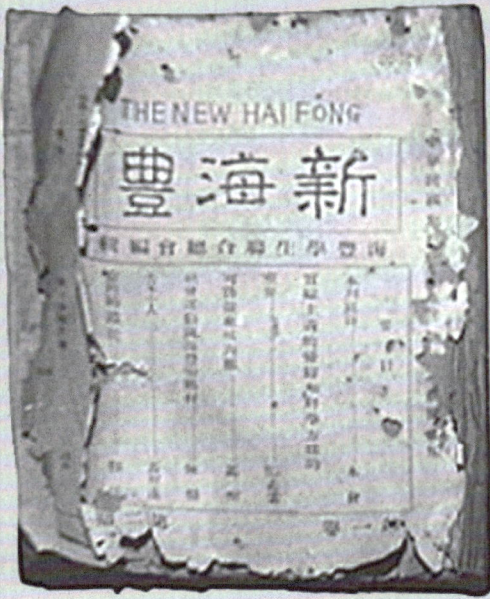

　　1921年春，彭湃因祖母病重，加紧写完毕业论文后，未参加毕业仪式便提前回国了。归国不久，他曾尝试从教育入手，从事宣传、普及社会主义学说的工作。1921年7月，彭湃约集郑志云等人，在海丰成立"社会主义研究社"。研究社共举办了12次座谈会，涉及内容广泛，形式自由，很快就引起海丰青年学子的注意。彭湃作了多场专题讲座，内容有"克鲁泡特金的'互助论'""河上肇的社会问题意见""世界第一个社会主义国家——十月革命的俄国""'唯物史观'及'资本论'入门"等。

　　创办"社会主义研究社"不久，彭湃又发起组织了"劳动者同情会"。在《劳动者同情会的缘起》一文中，他称此会创办的宗旨，即在"表同情于劳动者"，结束"教育与贫民"相分离的现象。他抨击当时的教育制度："不是贫民阶级——劳动者、农夫、贫民的教育，而是贵族、官僚、资本家的教育"；"不是图平民福利的教育，乃是专教资本家、官僚一班掠夺阶级的教育"，因此主张"与劳动者协力工作，互相扶助，交换智识，以促成教育和贫民相接近"。这篇《缘起》，实则是彭湃抨击当时不公正教育制度的"宣言"。

　　教育运动影响的扩大，使海丰的"豪绅名流"十分惊恐。他们四处散布谣言，攻击彭湃宣传的社会主义是"均分财富""共妻"，实属"大逆不道""不孝"等等。海丰劝学所长陈伯华（陈月波之弟）告诫全县师生"少谈主义，多读基本科学"。为驳斥这些诽谤与攻击，彭湃在1921年《陆安日刊》第四号发表《反对公妻论》一文。同年9月1日，又于《新海丰》创刊号发表《告同胞》一文，文章观点鲜明、笔锋犀利，不仅把反对派的攻击批驳得淋漓尽致，而且清晰阐述了他这一时期的思想主张——

　　首先，私有财产制度是人类社会不公平的根源。宇宙万物，本属人类共同拥有、共同管理，"譬如日光、空气、土地，三者皆非人力所能创造"。但现今社会，"贫者耕不得食，织不得衣，造成屋宇而不得住；富者则反闲游无事，毫无生产，而衣食住自足"。原因何在？"资本主义的经济组织——私有财产制度有以致其然也。"所以，破坏这一不合理的制度，必须实行"社会主义"；实现"社会主义"，必须进行"社会革命"。

　　其次，国家法律、政府及教育制度等，都是私有制下阶级压迫的工具，"社会革命"必须破坏这些国家机器。"'法律'是我们民众自由的敌，即是少数支配阶级——官僚——掠夺平民阶级一个极厉害的道具"，政府正是利用它来榨取我们的财产，"强制我们为他们的走狗"。因此，为保全自己，只有破坏它们，而"欲促进人类之进化"，甚至

"不可不破坏这个'国家'！"

再次，共产主义并非"均富分财"，更不是"共产共妻"。共产主义的本质是摒除一切私有财产制度，使"无论何人不得而私有之"。而均富分财的实质，不过是将私有财产，挪来平均分配而已，并未根本否认私有财产制度。由此观之，提倡"共妻"的不是共产主义，恰恰是资本主义制度："官僚资本家每每视女子为一种财产，可以卖之买之；他们眼中目中早无了女子的人格"，"试看现社会之妓馆林立，购买人家妇女充为娼妓；资本家、官僚、富豪、商人皆公然滥遂其肉欲，此非资本主义的社会之公妻制度为何？"

最后，"社会革命"是一种"社会运动"，"非个人或少数人，所能成就者"。面对社会的种种罪恶和缺陷，必须有实行社会革命的决心，"应当赶快觉悟！互相研究！互相团结！互相联络！互相扶助而为之！"

从《告同胞》中可以看出，彭湃的出发点虽在于教育改革，其中却散发出浓烈的"革命斗争"气息。

在师生们的反对下，1921年8月9日，陈伯华以"事繁不克兼顾本邑学务"为由，宣布辞去海丰劝学所长一职。1921年10月1日，彭湃被推举为海丰县劝学所长。任职第一天，他发表布告，宣布普及教育，推广乡村教育，服务贫苦劳动者。他亲手画了一米多高的马克思和克鲁泡特金两幅大像，挂在自己的办公室，并写了一副对联贴在卧室："漫天撒下自由种，伫看将来爆发时。"接着，彭湃便大刀阔斧对海丰的教育制度进行一系列的改革，包括更新人事，整顿教育行政；发展农村教育，增办女子学校；革新教育内容，增设经济学等新式学科，加强体育教育；革除积弊，改善教师待遇，等等。

彭湃还亲自参加教学工作，通过课堂向学生宣传社会革命。他先后兼任过海丰中学、陆安师范、县第一高等小学一些班级的美术及自然常识课程。他为学生画马克思、列宁头像，画十月革命攻打冬宫的图画。他注重用实际斗争去感化、教育学生，比如他曾带领学生拆除了县高等小学门前写着"天官赐福""泰山石敢当"的墙壁，事后还作了一首"反对神权"的歌谣：

神明神明，有目不明，

有耳不灵，有足不行，

终日静坐，受人奉迎。

奉迎无益，不如打平，

打平打平，铲个干净。

人群进化，社会文明。

1922年1月3日，劝学所改为教育局，彭湃改任海丰县教育局局长。2月，海丰县议会议员彭汉垣提议拆除城墙、扩建马路、整饬市容。彭湃认为此举有利于破除人们的封建意识，消除城乡界限，便利交通，发展城市建设，所以积极响应。对于拆墙一事，海丰地主豪绅以破坏风水为由，大肆反对。他们组成"护城会"，声称"与丰城共存亡"。他们收买流氓，袭击捣毁教育局办公室，叫嚷着要撤去彭湃的教育局局长职务，甚至扬言置其于死地。3月3日，彭湃为拆城墙事发表宣言，后取道汕头、香港抵广州。3月19日，致电县长翁桂清，请辞教育局局长职务。

4月27日，彭湃回到海丰。时值"五一"国际劳动节将至，他与杨嗣震、李春涛商议，决定组织全县学生举行示威游行，以扩大社会主义宣传。为此，他专门作了一首《劳动节歌》，在中小学生中教唱：

> 今日何日？
> "五一"劳动节，
> 世界劳工同盟罢工纪念日。
> 劳动最神圣，
> 社会革命时机熟，
> 希望兄弟与姊妹，
> "劳动"两字永牢记。

由于连下大雨，"五一"游行推迟到5月4日。当天，各校师生在海城东仓埔（即"红场"）集合，随后开始游行。在海丰，以庆祝"五一"为主题的游行尚属首次，因此惊动了全城，也激怒了海丰的统治势力。他们抓住"赤化"二字大做文章，诋毁彭湃准备实行"共产""公妻"，并于《陆安日刊》接连发表《借教育宣传主义之谬妄》《铜鼓喇叭可以休矣》等文章。时任广东省省长兼粤军总司令、兼任中华民国政府陆军部总长和内务部总长的陈炯明闻讯后，也大为不安，他电告翁桂清："彭湃如果不职，可另择能委任。"又电报彭湃，"君非百里才"，希望他离开海丰，到广州任职。5月9日，彭湃被免去教育局局长职务。

离职后，彭湃全身心投入到理论宣传中。早在1922年春，彭湃已与李春涛、杨嗣震等创立了"赤心小组"。5月14日，又在住所"得趣书室"创办了《赤心周刊》（以下简称《周刊》）。《周刊》由李春涛担任主编及主笔。彭湃除参与撰稿外，还负责设计封面和文字配图。不过，由于《周刊》的阅读者主要是"智识阶层"，"背后无半个工农"，外界影响比较有限。彭湃曾感叹：工人和农民都不知我们在做什么把戏！随着对"有智识的人"从"希望"变成"绝望"，他逐渐意识到，梦想从教育入手去实现社会革命，是走不通的；只有深入工农、唤醒工农、发动工农，才是唯一的途径。

6月14日，彭湃在《周刊》第六期发表《告农民的话》。他号召农民起来进行斗争，并表示将不惜家财支持革命。自此，彭湃放弃了"笔战"，义无反顾地踏上组织农民与现实抗争的征途。

《周刊》刊登了彭湃创作的一首题为《我》的诗，充分

得趣书室

表露了他与旧世界决裂的决心：

> 这是帝王乡，
> 谁敢高唱革命歌？
> 哦，
> 就是我。

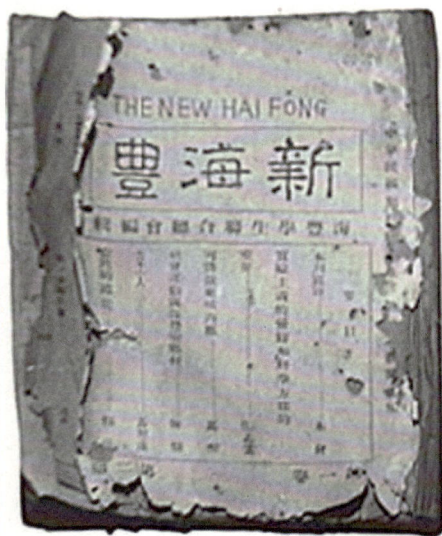

1921年至1922年，彭湃创办的进步刊物《新海丰》与《赤心周刊》。

第三章

到农民中去

中国共产党成立之后，在领导工人运动的同时，也开始发动、领导农民斗争。早在1921年12月，浙江萧山就成立了农民协会。广东也有共产党员主张"唤醒"农民，但一直没有切实行动。1922年6月，彭湃抱着"我即贫民""我即现社会制度的叛逆者"的态度，只身走入农村，在广东率先发动农民运动。

清末民初，海丰土地兼并问题非常严重，加上封建统治势力的欺压、盘剥，农民生活极为艰难。陈炯明当上广东省省长、粤军总司令后，海丰农民一度指望他们的"老总"能福荫乡梓，但希望愈高，失望愈大，压在他们头上的，除了以往"地主的斗盖""绅士的扇头""官府的锁链"，还增加了依附陈炯明的"新兴地主阶级"。

彭湃在走进农村，试图面对面启发农民起来抗争时，遇到许多始料不及的困难。

首先是农民的不理解。彭湃最开始去的是海丰赤山约（约，清代建制，相当于一个大乡）的一个乡村。每遇到村民，他总是主动上前打招呼，但这些村民看见身穿白制服、头戴白通帽、脚着皮鞋的他，都以为他是"官贵子弟"，或是"来收捐的官差"，不是敬而远之，便是避而不答。彭湃曾找到一位同龄的农民聊天。这位农民问他在哪里当差？来办什么事？彭湃解释自己不做官，也不当兵，以前是学生，现在只是想跟他们交朋友。那位农民笑道：我们是无用人，配不上你们官贵子弟！然后，转身走开了。就这样，一连走了几个村，彭湃始终未遇到愿意与他交谈的人。

除农民的不理解外，彭湃还要面对周遭几乎一致的怀疑与阻挠。一些朋友劝他不要"徒费精神"："农民散漫极了，不但毫无结合之可能，而且无智识，不易宣传。"家人供彭湃出洋留学，原本指望他出学入仕、光宗耀祖，不料他非但不做官挣钱，反倒贴家财搞"社会革命"，家人的不满可想而知。彭湃曾说过："除了三兄五弟不加可否外，其余男女老幼都是恨我刺骨，我的大哥差不多要杀我而甘心。"生母周凤也哭着责怪彭湃："祖宗无积德，就有败家儿。想着祖父艰难困苦经营乃有今日，倘有如此做法岂不是要破家荡产吗？"

面对这些攻击与责难，彭湃并未气馁。他将这些"忠告"置于一旁，搬出家庭，独立居住。令他焦虑的只有一件事：如何贴近民众，得到他们的认同呢？

彭湃尝试了许多方法，比如穿起粗布衣衫，戴上竹笠，光着脚板，试图在形象上接近下层民众；放弃入村找农民单独谈话，而选择一处民众来往频繁之地作为固定宣传点。彭湃将地方选在龙山脚下天后庙前的十字路口。这里是赤山、

到农民中去

北笏、赤岸、河口等约的交界，是农民往来的必经之地。庙前有一棵大榕树，郁郁葱葱，正是盛夏乘凉歇脚的好地方。为吸引过往群众，彭湃携带留声机，大声播放着音乐。他还自编歌谣，教附近的牧童传唱。其中一首《田仔骂田公》，这样写道：

冬呀！冬！冬！冬！

田仔骂田公！

田仔耕田耕到死；

田公在厝食白米！

做个（的）颠倒饿；

懒个（的）颠倒好！

是你不知想！

不是命不好！

农夫呀！醒来！

农夫呀！勿戆！

地是天作！

天还天公！

你无分！

我无分！

有来耕，

有来食！

无来耕，

就请歇！

这些歌谣通俗易懂，形式新颖，流传很快。当吸引来的农民越来越多时，彭湃便趁机向他们宣传社会的不公，以及联合抗争的必要。他设身处地为他们算了一笔收支明细账：

一位佃农租耕1石种土地（在海丰，1石种土地约8亩，1石稻谷约150市斤），年均可收获27石。一半交租，余13石5斗。按每石6元计，共值81元，外加卖禾草3元，一年收入共计84元。而相应的支出情况是：肥料30元，种子费5元，家具折耗费5元，劳动力人均伙食费最低54元，共计94元。这样算来，一年辛苦到头，还亏损10元。其中还未算上衣服、住房、医疗、教育及养老的费用。

对于生活的艰辛，农民虽有感受，但很少作过精细算计。面对生存危机，他们习惯于用更辛勤的劳作和更大幅度的缩减开支，去换取低度的收支平衡；对于困苦的根源，却很少作过深思。"一切都是命"是他们惯以自慰的话。经过彭湃耐心解释，农民们逐渐认识到"辛苦未必得食"的现状，也认识到只有通过自己阶级群众的团结抗争，才能根本改变自身命运。

到农民中去

1922年投身农民运动的彭湃

　　随着彭湃与农民关系的拉近，他开始了下一步的行动——与农民一起生活劳动。农忙时节，他带着番薯当粮食，与农民一起下农田，插秧播种、犁耕灌溉、荷锄牵牛，每天累得腰酸骨痛。经过两个月与农民的并肩劳作，彭湃逐渐拉近了与他们的距离，对他们的宣传教育也越来越得心应手。

　　由于长期的操劳、奔波，彭湃的身体瘦了，皮肤黑了，头发长了，衣服也因无心打理变得脏乱不堪，从外表上看，已与生长于乡间的农民毫无二致。这些变化，被当地一些地主豪绅看见，很快引来他们的猜测和诋毁。他们谣传彭湃得了"神经病"，成了"疯子"。有些亲友信以为真，甚至拿着果品去登门探望。彭湃家人也气恼不已，反复责令彭湃立即停止这种"痴傻"行为。对此，彭湃非但不以为意，反而为自己的"无智识阶级化"暗暗高兴。

一、创建"六人农会"

1922年7月29日，彭湃顶着炎热，在龙山脚下的天后庙前向农民演讲。他从"耕田亏本"的明细账算起，讲到农民只有结成组织，才能与地主抗衡，才能实现减租、废除各种苛捐杂税。这时，一位中年农民大声插话道："车大炮（粤语，吹牛、吹水、吹嘘。）！说减租！请你们名合不要来迫我们（交）旧租，我才相信你是真的。"彭湃正要答话，一位年轻人抢先答道："你这话真是错了，你是耕'名合'的田，名合如能减租，不过是你的利益。我呢，不是耕'名合'的田，怎样办呢，所以现在我们不是去求人的问题，是在我们能否团结的问题……今日不是打算你个人的问题，是打算多数人的问题。"彭湃听了此话，非常高兴。询问得知，此人叫张妈安，家住赤山，多次听彭湃演讲，对他深入农民、组织农民的做法深表赞同。经过长时间的宣传发动，彭湃终于找到了一位知音，于是当晚便约张妈安要到住所谈话。

张妈安如约到了得趣书室。随后，他的朋友林沛、林焕、李老四、李景等也被一起邀来座谈。几位农民年龄都不满30岁，思想开放，性格爽直。他们的话题很快就从自身延伸到组织农民上。彭湃问他们，农民为何不愿与他交谈？林沛说：一是地位差异太大，无人作向导，农民不相信；二是讲话太深奥，一般人不理解；三是时间不对，农民无空闲。他建议彭湃讲话浅白一些，并且最好是晚上七八点钟入村，因为那时农民正好有空闲。李老四还劝告彭湃在宣传时"切不可排斥神明"，以防农民抵触。彭湃听了，深受启发。最后，他们聊起组织团体的事。李老四提议先成立农会。大家拍手赞成。于是，一个仅有6名会员的农会便正式成立，这也是海丰第一个农民团体。彭湃当场草拟并宣读了誓言，声明应服从指挥，严守秘密，不许出卖同志。张妈安等人离开后，彭湃兴奋地在当天的日记中写道："成功快到来了！"

"六人农会"成立后，海丰农民开始了有组织、有纪律斗争的新起点。有了会友的介绍与相互的串联，彭湃与农民的联系迅速扩大开来。

每逢晚上农民农闲在家，彭湃就跟随张妈安、林沛一起下乡村。他们或播放音乐，或表演魔术，或演唱歌谣，尽可能采用农民喜闻乐见的方式进行宣传。彭湃在演讲时，也有意改用问答方式，在拉家常式的闲聊中，向农民讲述农民痛苦的根源以及自我解救的方法。通过这些手段，农民逐渐增进了对彭湃的信任，也加深了对组办农会重要性的认识。

然而，对于历来处于社会底层，缺乏合作性的分散的农民而言，理解、信任与亲身加入一个组织还是两回事。每当被劝参加农会时，他们惯常的态度是：等别人都加入了，我再加入。有些人起初同意，但临签字时又匆匆改变主意。对此，彭湃不得不耐心解释：入农会，就像过河，这岸痛苦，对岸幸福，如果人人怕淹死，就永远过不去；加入农会，就是联手过河，一人跌倒，可以被同行的人搀扶起来。通过劝导，一些人慢慢消除了顾虑。一个多月后，会员已增加到30多人。

农会发展尽管稍有起色，但仅靠演讲、解说远远不够。对于讲求实际的农民来说，更有效的说服办法，是通过实际行动，让他们看到参加农会的真正好处——这是彭湃在不断实践中总结出来的经验。

在农会成立后的第二天，赤山约一位贫民李毓的父亲病故。按照当地风俗，家遇丧事，要宴请亲友邻舍甚至全村人，否则便被视为不孝。为此，许多农民不得不典当家产，借高利贷，以致倾家荡产，家破人离。彭湃对这一陋俗痛恨已久，他以农会出面，组织了一个"济丧会"，规定凡参加济丧会者，如父母或本人死亡，其他会员须每人拿两角钱帮助安葬，并前往致祭。这样，丧事办得既庄重又节俭，同时也提高了农会的影响力。李毓也因为有了这次切身体会，毅然加入农会，成为"六人农会"成立后的首位新成员。

彭湃不断通过农会组织的活动，向民众展示团结的必要。依靠会员内部"生死相帮"的规则与行动，农会在当地民众中逐渐站稳了脚跟。随后，在彭湃的领导下，农会又开始新一阶段的斗争，矛头直指农民群众的对立面——封建地主、豪绅及官吏。

首先，针对乡村地主，开展"互不夺耕""同盟非耕"运动。海丰农村历来人多地少，农民间的"夺耕"行为时有发生，而地主游移于佃户之间，以"易佃"为要挟，肆意加租加息。为协调农民内部利益，一致对外，农会作了如下规定：凡是农会会员，未经农会批准及原耕该地会员许可，任何人不得夺耕；地主加租易佃时，除原耕会员明言放弃，且得到农会批准，其他会员不得夺耕；会员如被加租或收回耕地，可通过农会帮助另寻耕地或另谋他业；对于收耕地主，会员采取"同盟非耕"策略，拒绝续种。这一措施，在增进农民团结的同时，也极大挫败了地主的嚣张气焰。

其次，针对城市劣绅，开展"反码头捐"的斗争。龙津河是海丰的水上交通要道，农民经常用船到城里运粪肥。城里一些劣绅恶霸乘机勒索，向农民要码头捐，每只船两毫，如不照纳，则收去船舵，付钱后才能赎回。对于这种无异于明抢的行为，农会针锋相对地提出：凡由城市进入农村的豪绅及所属船只，必须缴纳过路费，否则不交码头捐。这个办法一公布，城市的豪绅很快尝到了苦头，逐渐

赤山约农会旧址

没人敢收码头捐了。

再次，针对地方官吏，开展"纠纷自我调解"，"诉讼不出农会"的运动。以往农民群众发生争执，一般诉诸官衙，不但手续复杂、费用高昂，而且公正性常因官吏的贪腐大打折扣。为此，农会发出通告：凡会员内部争端，一律由农会处理，报官厅者将给予除名；会员与非会员或地主有争议时，须先报告农会，农会将给予协助，以求公平裁决，否则如交涉失败，农会将不负责任。这种做法，无异于将地方统治势力的裁判权、管理权转移到了农会。由于通过农会调解，这样的调解方法既廉价又公平，农民慢慢养成了"诉讼不出村"的习惯，城中的警察、司法等官衙却日益"门前冷落车马稀"。

由于处处为农民谋福利，农会威信越来越高，会员迅速增至500多人，遍及赤山约28个乡村。

二、成立赤山约农会

1922年10月25日，赤山约农会正式成立。彭湃为赤山约农会起草了章程和宣言。其中，规定了入会程序工作事项：防止田主升租；防止内部竞争；凶年呈请减租；调和争端；救济疾病；救济死亡；救济孤老；救济罹灾；防止盗贼；禁止烟赌；奖励求学；改良农业；增进知识；共同生产；便利金融；抵抗战乱。这些条规，无不关系到农民的切身利益，为以后的农运工作制定了明确的斗争纲领。

为解决农民"看病难""看病贵"的问题，赤山约农会在海丰城内办了一间农民医药房，由吕楚雄主持。吕楚雄本是海丰宏仁西药房医生，偶然结识彭湃，深受其革命热诚与奉献精神所感召，毅然投身农运工作。他常背着药箱与彭湃结伴下乡，免费为农民患者医治。农民医药房开办后，规定农会会员凭证免费就诊，药费减半。吕楚雄的妻子刘恩泉为产科接生员，对将要生产的会员，亦免收接生费，药费减半。就医从来都是农民的一大难题，由于无钱医治，一旦染病，多以卧床代医；若患者恰是家中劳动力，难免田园抛荒，生计堪忧。医药房的成立，大大降低了农民的就医费用。

斗争纲领及各种利民措施实行后，农会的发展如日中天。据统计，自1922年11月起，要求入会者日均达20多人，农会组织迅速由赤山约扩展到平岗、银溪、青湖、河口、河西、公平、旧圩等十余约。最初"六人农会"的星星之火，很快燃遍了整个海丰大地。

斗争实践的深入，也使彭湃对发动农民斗争的前景更加充满信心。1922年11月18日，他在给李春涛的信中这样写道：

农民运动比都市的劳工运动有几点的确是很好的：一、农民中，自然是佃耕农占大多数。赤山约约占十分之九。因和田主的距离很远，凡甚么运动，田主都不知。不比工厂的工人，一经给资本家知道，马上就解雇。二、农民虽然少有团体的训练，不比工厂的工人。但他们有忠义气，能老老实实的尽忠于自己的阶级。三、他们亦可采用同盟罢耕。因为田地不是和机械一样的关在资本家的工厂里，而且是绝对不可移动的。将来占领田地，是极容易的。四、海丰现在做官的钱很多，竞买田地，地价骤增，农民之纳田租，当然亦增加，佃主的争议，亦必多起来。五、海丰物价日贵，农民生活日益困艰，他们时时都有暴动的心理，反的心理。

通过观察，彭湃深信农民中不乏聪明且饱含革命精神的人，只要组织得当，必能成为中国革命一支最伟大的力量。

随着农运的发展，遇到的掣肘与阻力也越来越大。海丰地主豪绅对彭湃恨之入骨，想尽一切方法迫使他离开海丰。"广东王"陈炯明托人暗示他到省城"为官"，却始终未能如愿。另外的阻力是来自家庭。彭湃的众多兄弟，除三兄汉垣、五弟彭泽外，对他无不是深恶痛绝。祖父彭藩死后，长兄应培干脆提出分家，明确要与彭湃断绝关系。

对于分家一事，彭湃根本不予理睬，只是淡淡地说：家中东西全是抢自农民的，本应还给他们，何来家可分？最后，堂兄彭承训代彭湃领回了分得的70石租。彭湃拿到这些地契后，当即决定将之送还佃户。但没想到，当他挨家挨户去还地契时，那些祖辈以租佃为生的农民却大为不解，无论怎么解释，都不敢接受。一个佃农甚至哭着求彭湃"高抬贵手"，放过他们。最后，彭湃不得不以看戏的名义，将这些佃农约集到龙舌埔广场，当面将地契付之一炬。母亲周凤回忆，当时的围观者有一万多人，彭湃将先世积下的田契铺约，一张一张地焚烧完，然后大声演讲："我祖父遗下产业是由剥削而来的，耕者有其田，从此以后，彭家的租谷一升一合归还大家农民兄弟享受，农民们不要担还我。"田契被烧毁后，全场顿时响起热烈掌声。

在以土地为主要生产资料的封建社会，地契是地主阶级赖以统治的主要工具，同时也是权力、财富和身份的象征。彭湃当众焚毁地契，显示了他与封建剥削阶级势不两立的赤诚。他在给李春涛的信中写道："湃的生活路，通通为湃自己塞尽了"，"但是可以慰藉湃的，还是赤山的农民。湃也不愿和现在最有生机的农会及亲切可爱的农民离开了！"

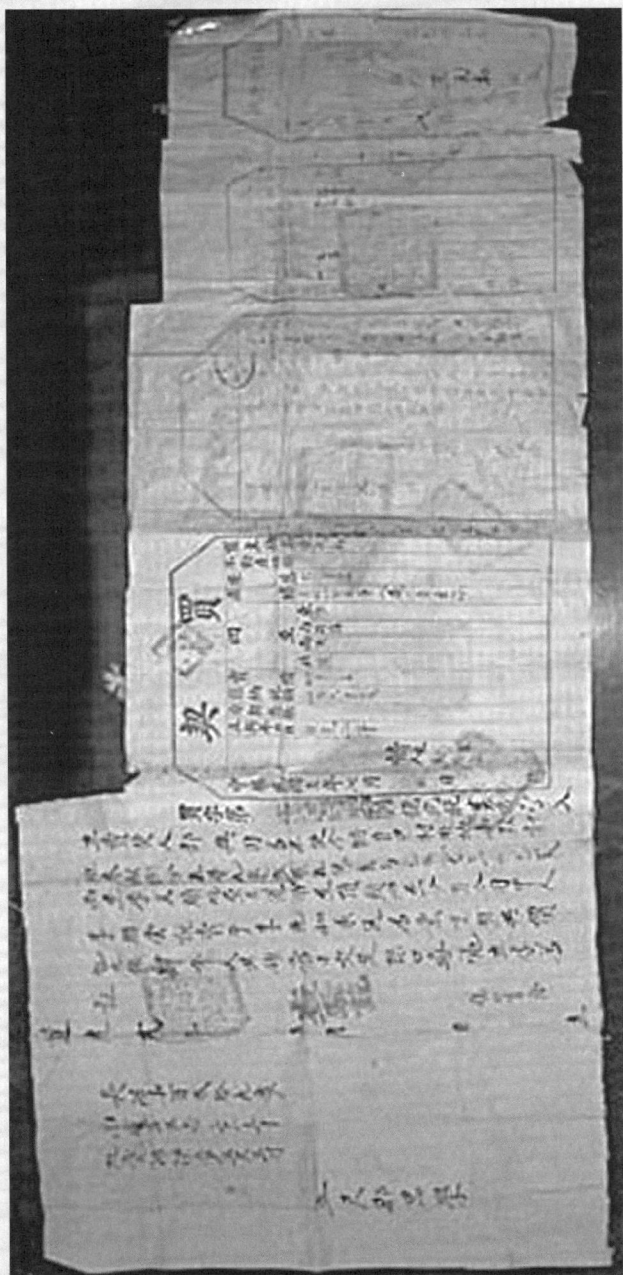

第四章

领导海陆丰农民运动

经过彭湃与战友们的努力，到1922年底，海丰县农会组织已发展到12个约、98个乡，会员达2万户、10万人，约占全县人口的1/4。建立海丰总农会的时机基本成熟。

一、成立海丰总农会

1923年1月1日，海丰总农会在海丰县城召开大会，正式宣告成立，出席大会的代表有60余人。大会听取了彭湃关于农会筹备经过的报告，讨论通过了农会章程，选出了农会的领导机构——总会长彭湃、副会长杨其珊、财政委员蓝镜清、庶务委员林沛、调查委员张妈安、宣传委员林甦、教育委员马焕新，并决议将会址定于海丰龙山宫。

海丰总农会的创立，是中国革命史上的一个里程碑。有了先进、明确的奋斗目标和行动纲领，中国农民运动第一次走出官逼民反、以暴易暴的历史循环，开始了以消除阶级差别、追求制度革新为宗旨的现代性内涵。

彭湃在《海丰总农会成立宣言》《海丰总农会对时局宣言》中指出：农民是世界上的主要生产阶级，人类依靠他们的劳作才得以存在，但不合理的剥削制度，使他们"几千百年来，世世代代，无日不在无智饥饿压迫的难关恶战苦斗以维残命！""中国自辛亥革命以来，产出许多军阀官僚，各个占据地盘，争权夺利，战云时起，弹雨横飞！我们中国的平民，尤其是农村的农民，到处鲜不被其焚毁杀戮。"因此，为今之计，"当以摧残我们者为敌！""集合全县农民，组织农会，协力团结，反抗社会一切不合理的制度，争回我们生存的权利。"

《海丰总农会临时简章》的"纲领"部分，规定了总农会的任务："一、图农民生活之改造；二、图农业之发展；三、图农民之自治；四、图农民教育之普及。"同时规定了总农会的宗旨："本人类合群之天职，互助之精神，唤醒农民之自觉，而实行本会所定之纲领。"

为减小外界阻力，总农会在策略上采取了"内外有别"的做法。对外口号为：改良农业；增加农民智识；作慈善事业。对内则宣称：减租；取消"三下盖"；取消"伙头鸡""伙头鸭"；取消"伙头钱米"；不给陋规与警察。差别化的斗争策略，一是为了让会员明晰具体的奋斗目标和措施，二是为了避免各种不必要的外在阻挠，尽最大可能地争取舆论的同情与支持。

这一做法起到了应有的效果。海丰总农会的规模之大、人数之多、范围之广，无不令当地统治势力忌惮万分，但根据外界宣传，他们很难找到反击的口实。县长翁桂清也很不满农会，但对解散或禁止农会自感缺乏理据，只能默默接受。

《海丰总农会临时简章》及各约农会章程还规定了民主集中制的组织原则及与会纪律：会议必须2/3会员出席，过半数方能通过；凡滥用本会名义者、违背本会规章者、不纳会费而无通告者，及其他不正当行为者，即由会议提出忠告或除名。

彭湃亲自为海丰总农会设计了会旗和印章。会旗图案由红黑两色四分对角拼合而成。红旗帮与黑旗帮，曾是清咸丰年间海丰兴起的两大农民帮派。他们之间因利益纠纷，加上受到当地统治势力的挑唆利用，经常发生械斗，相互死伤无数。彭湃拼合红黑两色，喻意泯除内部对立，团结阶级队伍，合力争取权益。农会会章采取圆形图案，也是为了与以往高高在上的封建官府的方形印章相对照。

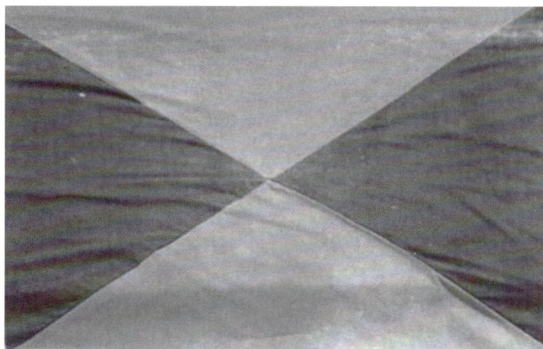

农会会旗

海丰总农会成立后，立即积极展开工作。首先是与地主豪绅争夺市权。海丰集市贸易种类繁多，有番薯市、糖市、菜脯市、花生市、牛圩市、米市、柴市、猪仔市、草市等等。来此贸易的多半是农民，但市场的管理权及收益一直被乡绅地主及庙祝控制。每年被他们吞食的市利，仅番薯市一项就达500元，各市加起来共有三四千元。经过讨论，总农会决定从番薯市入手，夺取市场管理权。起初，农会制作了一把公秤，派人去番薯市管理，遭到旧势力的阻挠。于是，农会发出布告，通知农民搬离旧市，另择新地买卖。为此，当地豪绅不吝血本大肆收购番薯，试图恢复旧市贸易，挤垮新市，终未成功。番薯市权收回后，农会如法炮制，又相继收回了其他种类的市权。夺得贸易管理权，农民的交易成本大大降低。那些被农会收缴的市利，被用于发展农民的医疗、教育等福利事业，使农民大受其惠。

废除科举及推翻帝制后，海丰的旧式私塾教育风光不再，但新式学堂教育因费用高、数量小，在乡村中一时难以普及。为填补农村教育这一空白，也为启蒙农民起来抗争，农会制定了简单又切实的教育计划，着重教他们记数、识字、写信、珠算等一些基本知识。对于教育费用，除农会补助部分外，主要靠自食其力的方法解决——农会择定土地为学田，农会供给种子、肥料，由教师、学生和学生家长共同耕种，收获除交租外，余下的留作教师薪金。通过这一办法，短短半年内，全县就开办全日制学校10间，半读学校4

间，吸收了500多名农村儿童入学。

海丰总农会还大力发动、组织农民植树造林。海丰的山岭一直无人经营，农会考察后，认为大有利用价值。1922年4月，他们出资购苗，组织乡民在海丰西北部的潭内乡、田螺湖乡、小液乡、鸡母巢乡一带大种山松。规定山林归乡民公有，收益按劳分配、多劳多得。因为关系到自身的经济利益，农民的种植热情非常高。

总农会仲裁部通过公正、干练的作风，赢得农民的信赖。农村的内部纠纷非常多，如婚姻、债务、佃产争议、人命案等，多数由第三方来仲裁解决。通过族长或一般村民，公信力不足；通过县衙，费用高昂，且易为权势利用。而依靠农会，不仅可省却各种讼累和讼费，而且能有效维护自己的正当权益。因此，大凡有内部纠纷，农民大多转向农会寻求调处、解决。

通过一系列的举措与行动，海丰总农会逐步稳固了其作为农民经济、政治权益代言人的地位，俨然成为海丰农村政权的核心。

1923年春节，是海丰总农会成立后的第一个春节，总农会组织全县农民举行了一次"新年同乐会"，地点在海城桥东林祠前的龙舌埔。当日，农民群众从四面八方汇涌而来，共计会员有6000余人、非会员3000余人。现场彩旗招展，鼓乐齐鸣，欢笑声、鞭炮声不绝于耳。场面之热烈，前所未有。大会开始后，彭湃走上前台，语重心长地说："无产的民众们未得到革命以前，无年可乐，因为过年的时日，就是剥削者迫债的时日，我们有苦可联，而无欢可联"；今日，我们农民终于团结起来，有了属于自己的组织，这次聚会，正是要"借这个机会来表示我们的群众有几多给敌人看看，并唤起我们的革命精神，准备杀敌"。

新年同乐会的成功召开，进一步提高了农民群众的思想觉悟。据统计，当天申请加入农会并获取会员证的就达2000多人，此后每日入会者都有百人之多。

受海丰农民运动的影响，毗邻陆丰、惠阳（旧称归善）两县的农民运动，也有了很大起色。1922年秋，彭湃派林甦、余创之，先后到陆丰建立农民组织。1923年春，彭湃与李劳工、郑志云等又多次赴陆丰、惠阳两地，进行宣传、组织工作。

二、"农民万岁"

农民运动的迅猛发展，引起海丰统治势力的惶恐与仇视。农民运动刚兴起时，地主豪绅们多不以为意，料定不过是喊喊口号而已。但形势的发展让他们越来越坐立不安，他们下定决心用要铲除农会。

1923年3月，海丰县城一位名叫朱墨的地主诬告农民败诉，陈月波等一批豪绅地主非常恼怒。农会的接连抗争，已让他们饱尝其苦，而堂堂一名地方权贵，竟然败诉于几个小农，这在海丰是前所未有的。于是，他们招集数百名地主豪绅，组织起"粮业维持会"，声言要与农会斗争到底。两大阶级间的第一次有组织的对决，正式展开。

官司的起因是这样的，朱墨是海丰一名恶霸，上结官府，下欺民众，在当地势力颇大。1923年春耕时，他无故要求公平区黄泥塘乡余坤等六位佃户加租。农会会员余坤在农会支持下，决定与其他几位佃户实行"同盟罢耕"，一致要求辞田。朱墨恼羞成怒，指使打手到余坤家中施横，后又向法庭起诉，诬告罢耕佃户"佃灭主业"——所交耕地不足额。法庭推事张泽浦慑于农会力量，对毫无证据的朱墨不敢袒护，判处他诬告，不予处理。

朱墨的败诉，使海丰地方权贵势力深感联合的必要。他们组织起"粮业维持会"，推举陈月波为会长、王作新为副会长，陈开庭（陈炯明的六叔）负责财政，约定在附城十余万担租中，每担抽取1元作会费，以与农会对抗。成立会上，陈月波说彭湃"煽惑无知农民，希图不轨"，农会"实行共产共妻，并运动法官，欺负地主"等等，同时为地主们鸣不平："吾辈以钱买地，向政府纳粮，业从主管，天经地义。"并危言耸听，说农会不除，"不独吾辈权益受损"，而且有"政府之危险"。因为有10余万元的会费作后盾，陈月波等对"粮业维持会"的力量颇为自信，扬言可以用银片埋葬农会。

会后，这个豪绅组织由陈开庭带领，直奔法庭，责骂张泽浦，逼迫其即刻拘捕肇事农民。张泽浦畏于权势，未经审判便将余坤等六人收监。

彭湃、杨其珊、林甦等农会干部获悉消息后，感到这次会友的被捕，绝非简单的法庭错判，甚至不是一般的官绅勾结，实际上是代表地主势力的"粮业维持会"对代表农民利益的"农会"的公开挑衅，必须严肃对待。

第二天上午10时，全县6000多位农民齐聚海丰县城龙舌埔，整队待发。彭湃作了动员讲话：余坤等六位农友本无罪，法庭无理将他们扣押，这不是针对余坤六人，而是针对海丰十余万农民。所以斗争的胜负，关系到全海丰县农民的生死存亡，大家必须全力以赴。接着，赤山约农会会长黄凤麟站出来说：地主已联合起来与我们对抗，并聚集了十余万元作经费，这些经费是从租谷中拨出来的，租谷在我们手上，所以只要我们不交租，他们就没办法。黄凤麟还想出一计：如果地主真要作对，就拆去田基，让他们分不清各自田界，自己先内讧起来。群众听了这话，鼓掌响应，志气愈发高涨。

动员会后，6000多名农会会员冒着暴雨齐奔法庭示威。法庭门口，仅农民脱下的帽子就堆成一座小山。彭湃与20名农民代表，入厅找张泽浦论理。尽管有法警的武装保卫，张泽浦仍惶恐不已，赶忙出来递茶敬烟。代表们向他提出三个条件：一是立刻释放枉押农民；二是燃炮鼓乐送农民出狱；三是亲自向农民道歉。张泽浦自知理亏，又怕惹怒"粮业维持会"，于是向彭湃求情，推托说扣押农民是陈开庭的命令，请他先退去请愿农民，明日便释放被押农民。彭湃正色道："今日不能论朋友，我是代表农民来说话的。"而庭外农民也高呼要求放人。张泽浦见事难以回旋，不得不当场释放了被押农民。

示威行动的胜利，大大鼓舞了农民的士气。在迎农友出狱的路上，他们一路高喊"农民万岁""打倒地主！"的口号，呼喊声让整个海丰城都震动起来。青年学生们闻讯也纷纷出来欢迎，他们高举红布制成的"欢迎出狱农友"的横幅，高喊声与市民点响的鞭炮声连成一片，一起汇入欢呼的海洋。

游行队伍回到总农会后，彭湃随即召开大会，对这次斗争的胜利作了总结。他用提问的方式作了开场："农民千百年来都受地主绅士官厅的冤枉和压迫，总不敢出声，今天能够把六个被押的农友放出来，这是谁的力量呢？"农民议论纷纷，有的说是彭湃，有的说是农会，有的说是耕田同志。彭湃笑着回答：说是农会和耕田同志，虽不全对，但不至大错；说是彭湃个人的力量，却是大错特错。一个彭湃，任有天大本事也放不出农友来。他接着说：今天能取得如此的胜利，全是因为农会将六七千名种田人团结起来，集中力量，一致行动，因此，今日起，我们要"更加团结，加紧扩大我们的势力，否则今日的胜利，会变成将来的大失败！"

群众斗争的胜利，极大地提高了农会的威信，"由是要求入会者纷至沓来，实有应接不暇之势"。农会"一呼万应"

的气势，也吓坏了那些久已习惯骑在农民头上作威作福的"权势阶层"。此后，遇到打官司、派军饷、拉夫等事，只要群众亮出会员证，他们便不敢肆意施横。以往惠阳、紫金、五华等县的小贩到海丰贩卖山货，都要经过层层税卡，如今伪警和捐税佬见了农会证，就像"邪鬼见了张天师的符"，再也不敢借端勒索了。对于乡间地主来说，他们也担心农民真如传言一样，将田基一举铲平，让自己征租无据，徒生纠葛，因此对于农会的发展也不得不忍气吞声。叫嚣一时的"粮业维持会"，逐渐自行解散了。

毗邻海丰的陆丰、归善两县的农民运动，自此也有了发展。4月，惠阳县高潭区成立本县第一个农会。6月，陆丰县总农会成立，会员达8000多户。至1923年5月，海丰、陆丰、惠阳三县建立农会的共达70余约、500余乡，拥有会员二十多万。

为进一步扩大农会影响，推动农运发展，彭湃与其他农会领导决定于1923年"五一"国际劳动节当天，发动一次联合海丰、陆丰、惠阳三县农民的示威大游行，地点定于海丰县城外的菜圩埔广场。

当天，一万多名群众从四面八方汇聚会场。其中，除了三县8000余名农友外，还有汕尾造船厂工人100多名、海丰附城各校师生1000余名，盛况空前！彭湃为大会作了报告，并起草了《海陆归三县农会"五一"宣言》。在该宣言中，他阐述了中国当前社会不平等的阶级根源，称资本家与田主的财富，全靠榨取工人和农民的剩余价值而来，所以，社会财富越增加，就越集中于资本家、田主手里，而工人、农民就越贫困，越陷入"饥寒压迫无智"的地位。因此，工农的出路，只能是加强团结，寻求自我解放，而五一劳动节正是显示力量、争取解放的大好日子。这一天，要"轰轰烈烈的显示我们伟大的阶级团结，鲜明我们的阶级意识，整饬我们的先锋队伍，发挥我们的斗争精神，联合世界无产阶级协力推倒国际资本家以完成无产阶级的解放！"

会后，万余名农友、工人、学生举行了声势浩大的示威游行。走在前面的队伍高擎农会会旗，及一面写着"劳动节纪念大巡行"的大红旗。紧跟着是白布旗队，分别标着"反对升租吊田""反对三下盖""反对伙头鸡""反对国际资本主义""打倒军阀"和"赤化"等字样。后面的游行群众，则一边举着警告资本家、田主和军阀口号的小旗，一边向沿途群众散发"宣言"传单。

五一节游行活动，检阅、锻炼了农民队伍，壮大了农会声势。回想起一年前，五一节活动"背后绝无半个工农"的情景，彭湃这样感慨："劳动纪念节，在海丰连这回不过二次，而竟这样热烈，此后海丰的农民运动，将愈不可思议了。"

5月，彭湃根据海丰周围各县农民运动的发展情况，将海丰总农会改组为惠州农民联合会，在海丰、陆丰、惠阳设立分会。7月，又根据农会组织在潮州、普宁、惠来等县的发展情况，将惠州农民联合会改组为广东省农会。这样，就建立起从约到县、到州、到省的各级农会组织。

广东省农会选举彭湃为执行委员长，执行委员有杨其珊、马焕新、林甦、余创之、蓝镜清、黄正当、李劳工、张妈安、彭汉垣、万维新、万清睐等。其中，农民与知识分子各占一半。省农会还设立庶务部、卫生部、财政部、仲裁部、宣传部、教育部、文牍部、调查部、农业部、交际部10部，分别由林朝宗、吕楚雄、杨其珊、余创之、林甦、马焕新、万维新、李劳工、彭汉垣等担任部长，林务农、蓝镜清、刘恩泉（女）、张妈安等为部员。

广东省农会范围辖及粤东几个县，以海丰为中心。所属会员共26800余户、134000人，其中海丰12000户、六万人。据海丰县农会的调查，农会成员中，佃农占40%，半自耕农占30%，自耕农占20%，雇农占10%，此外还有学生30余人、教员10余人、工人500余人、小商人30人、失业者300余人、船夫400余人。

广东省农会章程，基本上是对《海丰总农会临时简章》及各约农会章程的沿袭和发展。它仿照社会主义青年团的章程建制，要求与各处工会、学生会及其他无产阶级团体均建立联系。为防止地主豪绅、流氓地痞混入阶级队伍，"会员"一章规定："不正当行为者"和"有资产者"不得加入农会。章程还按照民主集中制的要求，提出"少数服从多数，下级服从上级"的组织原则。在"会务"一章中，除了保留县、约农会章程中为农民谋利益的条款外，还增加了"办理农业银行、消费组合及其他关于经济事项"和"办理农团以防盗贼劫掠及保护农产品"两条，体现了农民运动在"经济斗争"和"政治斗争"方面的齐头并进，也反映了农会组织向政权组织的转变要求。

三、"七五"农潮

1923年7月26日，海丰突发水灾，彭湃与农会干部迅速组织救灾队，乘船赴灾区调查灾情，同时领导群众修堤筑坝、疏导洪水。农会在抗灾救援中的行动，使在场农民无不深受感动。许多人表示"生当为农会人，死当为农会鬼"。

这场风灾水祸，使海丰农民损失惨重。据总农会调查部报告，农产品损失最大，占到总额的90%；家畜损失约40%；房屋倒塌的占40%，毁坏的占20%；人命损失500人至1000人不等。损失之重，为海丰有史以来所罕见。

灾害过后，海丰农民面临的难题，除重建家园外，便是交租。此时正是早稻收获的季节，也是例行向地主交租的日子。为此，海丰总农会部分执行委员就交租问题召开专门会议，提出"自由减租""免租""统一减租"三种不同意见。8月2日，总农会召开全县各约代表大会对这一意见进行表决。当天到会代表100多人，由于交租问题事关重大，旁听者达1000多人，将会场堵得水泄不通。彭湃报告了各区受灾情况以及农会救灾工作，又介绍了执行委员在减租问题上的分歧。经表决，"至多三成"减租方案获得通过。

减租方案通过后，农会执行委员会立即展开工作。首先，发表《为减租而告农民书》，用文字、图表形式，阐述了农民常年饱受欺压，以及即使减租灾民也亏损的境况；其次，派人赴各乡村开展减租宣传；最后，通电全国各团体声请援助，并致函各区警察署，提出农民与地主间如发生减租纠葛，皆属民事，不得滥加逮捕。此外，农会还致信陈炯明，告知农民的受灾情况，争取他对减租运动保持同情，至少是保持中立。

减租运动的开展，加剧了海丰的阶级对立。一方面，农民加入农会者如风起云涌，日以数百计。甚至一些与陈炯明有亲族关系的农民，也开始放弃依附亲缘，将维护利益的希望寄予农会之上。另一方面，地主势力加深了对农会的仇视，以县长王作新、县保卫团局长林卓存为首的一批权势豪绅地主，恢复了"粮业维持会"，誓与农会拼死一战。此外，农会内部也出现了分化，部分出身于地主家庭的学生——知识分子会员，一改过去对农会的支持，开始公开反对减租，非难农会的"过激"行为。

"粮业维持会"成员经过密谋策划，决心满额收租。他们攻击农会的"减租"要求，指责其一无良心，二欲实行"共产"，三勾结土匪。在"粮业维持会"的支持下，各乡地主开始加紧向农民逼租。

8月11日，县保卫团局长林卓亦的侄子，前往北笏仔乡收租。他借口"学租"是"官租"，不比"民租"，要十足征收。遭抵制后，便粗暴地殴打佃户。群众忍无可忍，与他发生冲突。王作新知悉后，借题发挥，派出县署武装20余名，实枪荷弹，下乡围捕，3名农民被扣押入狱。

北笏仔乡事件发生后，农会派出代表与王作新交涉。王作新坚持要十足交租，无商量余地。农会执行委员会研究对策，决定一面筹款救济入狱者及其家属，一面依照法律程序控诉地主豪绅的无理行径。会议还决定8月15日召开全县农民大会，动员群众支持减租斗争。

召开农民大会的消息传出后，地主豪绅势力立即设法应对。王作新以县长名义，四处张贴告示，造谣8月15日"匪首彭湃希图造反"，劝"四乡人民勿为所愚而自招重祸"。同时，派警察把守县城的各个路口，阻拦赴会农民。前往参会的农民不为所惧，撕掉布告，强行进城。王作新恼羞成怒，调集警察武装60余名，分守四个城门，并在县署门口构筑战壕，布枪设卡。同时，电请钟景棠从汕尾调集100多名官兵，前来镇压。

尽管阻挠重重，到场的群众仍有2万多人。15日中午，大会召开，彭湃、李劳工、林甦等先后作了演讲。他们从海丰的灾后惨状谈起，"说至农民痛苦，演说者与听众皆相感泣"，最后号召群众坚持"至多三成交纳"。在场群众情绪激昂，"农民万岁"的口号，响彻全城。

与此同时，海丰县城的权贵势力也在暗中集结队伍，伺机而动。农民大会召开后，王作新连夜组织士绅商议，秘密布置武装行动，试图将农会"一网打尽"。8月16日拂晓，王益三（王作新的弟弟）率领县反动武装，联合钟景棠部军队及警察、保卫团勇300多人，分两路包围、袭击了总农会会所。农会干部从枪声中惊醒后，只能赤手空拳与官兵搏斗。最终，杨其珊、洪庭惠、黄凤麟、郑渭净、陈梦等25人被捕。彭湃、李劳工、林甦因住在得趣书室，走避及时，没有被捕。

地主武装占领农会后，将农会文卷、物品、现款以及马匹等搜罗一空，然后封闭了会所。同时，县署通告全县，解散海丰农会，通缉农会领导人彭湃、林甦、余创之等。17日早晨，又查禁农民医药房，缉拿医生吕楚雄，逼其交出农会存款，以充军饷。地主势力还派出警兵，四处下乡催租，查缴农会会员证章。杨其珊等25人被押至县署后，被严刑拷打。农会和彭湃也被套上"造反""共产"的罪名，极尽诋毁之能事。

这次武装镇压农民群众的行径，使海丰农民运动遭受巨大挫折。因事发于农历七月初五当天，史称"七五"农潮。这一天，后来被海丰人民称为"红心节"。每年的这个时候，家家做"红圆"（一种用糯米粉做成的甜点），以代表"红心永向农会"。

四、与陈炯明的对峙

彭湃、林甦、彭汉垣、李劳工等农会干部脱险后，陆续到大嶂山边的小庵寺会合。脱险的农会干部召开临时会议，讨论应变方案。对于地主豪绅的残暴行径，在场者无不切齿痛恨，表示将抗争到底。但问题是，农会无任何武装，如何抗争才能既有效，又避免无谓牺牲呢？彭湃起初主张"招集大队农民起来反攻，痛快淋漓的混杀一场之后再作道理！"彭汉垣则认为，对方掌握着军队、警察，贸然冲突，吃亏的只能是自己。经过讨论，会议最终决定先智取，不成功再实行暴动。

农会干部们将智取的突破口放在陈炯明身上，会员推举彭湃去见陈炯明，向他解释王作新等镇压减租运动、拘捕农民、解散农会的做法如何不得民心。农会干部拟出四项条件：释放被捕农民；至少减租七成；恢复农会；惩办镇压农民的凶手。

会后，彭湃、林甦及蓝陈润三人从小庵寺出发，前往陈炯明司令部的所在地——老隆。彭汉垣与其他干部则留在海丰，作武装暴动准备。

经过七天的跋涉，彭湃等到达老隆，见到了陈炯明，以海丰农民代表的身份向他说明了海丰农民遭特大风灾水害后的悲惨状况，并控诉地主豪绅武力强迫农民交租、袭击农会、拘捕农会会员的罪行，最后提出拟好的四项条件。陈炯

陈炯明

明推诿不过，答应了第一条，随后给王作新草拟了一份电报："凶年农民要求减租，事属正当"，"至于捕杨其珊等二十余人，查非聚众扰乱治安，应即省释"。

彭湃看了电报稿后，刻意在"函知"二字下面加上"农会收"三字，以暗示陈炯明对农会的"承认"。有了陈炯明的"亲笔函"，就有了挟制王作新一伙的口实。次日，彭湃与蓝陈润二人离开老隆，途经潮安时，与李春涛共同起草了《海丰全县农民泣告同胞书》，将海丰地主豪绅阶级欺压农民的罪行公之于众，为恢复农会、营救被捕农友制造舆论。

彭湃返回海丰后，很快便获悉到电报虽冲破压制刊登于《陆安日报》，却未对王作新等人造成任何影响，他们甚至变本加厉地欺压农民，威逼、敲诈、勒索，无所不用其极。他们还对被捕农民严刑重罚，没收农会送入监内的财物。

彭湃与农会干部重新研究对策，决定亲自前往香港，争取当地上层人士的支持，同时让彭汉垣等驻守海丰，秘密与各地农会联系，积聚力量，以待时机。

逗留香港的一个多月间，彭湃争取到他的中学老师林晋亭去影响、敦促陈炯明兑现释放被捕农友的诺言；同时利用留日同学、《国华日报》记者黄毅，向陈炯明进言。10月底，彭湃再次前往老隆，直接劝说陈炯明。

陈炯明对彭湃十分热情，但对释放被捕农民一事，仍以各种理由搪塞。从陈炯明的敷衍态度中，彭湃意识到直接利用他不太可能，于是变换策略——先"接近"陈炯明，再假借其"威信"向海丰官方势力施压，以实现释放农友、恢复农会的目的。

为显示陈炯明对自己的"器重"，彭湃随陈炯明一起抵达汕头。随后，又答应与他同赴惠州，并一起住到总司令部。离汕赴惠前夕，彭湃以母亲病危为由，独自留在汕头。

在汕头期间，彭湃发起组织了惠潮梅农会，其目的，一是联络各县农会，援助海丰农民；二是筹款救济海丰狱友。为实现东江农民的联合，彭湃与林甦、李劳工等分别到澄海、潮安、潮阳、五华等地农村，宣传组织农会。经过努力，惠潮梅农会很快发展到海丰、陆丰、惠阳、紫金、普宁、惠来、澄海、潮阳、潮安、五华10个县，声势浩大。

惠潮梅农会工作的迅速开展，使彭湃增加了"取悦"陈炯明的"资本"。他向惠潮梅总指挥部立案，为惠潮梅农会取得合法地位，同时将农会的发展情况电告陈炯明。陈炯明虽内心反对农会，但对农会的力量却不敢小觑，总希望能为己所用，因此回电"非常赞同"。这封电函很快被农会刊登在报纸上，在潮汕上层人士中产生极大影响——连"陈老总"都支持农会，自己当然要及时跟上。彭湃趁机在他们中间展开募捐，很快筹得五六百元，解决了救济狱中农友的资金。

农会短时间内从海丰扩展至潮梅，会员逾10万，这让陈炯明既深感彭湃有巨大的利用价值，又担忧长此以往，农会问题会尾大不掉、难以驾驭。为此，他于12月发给彭湃一封长电，劝他说中国目前最好的出路是搞"联省自治"，发动群众运动非时宜之举。同时，催促彭湃离开潮汕，到惠州"共商革命大计"。

12月下旬，彭湃与李劳工等返回海丰。深受陈炯明"器重"并被着意"提携"的消息已广为传开。有见及此，王作新一反常态，称"彭湃本人我是十二分拜服的"，"我是他的母舅，本来是很好的亲戚"等等，又是捧场又是攀亲。钟景棠特意请彭湃前来见面，对自己之前的行为辩解："农会本是好的，我是很赞成的"，"前次解散农会捕农民的事，并不是我主张，不过当时王县长及全邑绅士来电告急……"这时，钟景棠与王作新正为一笔公款相互积怨，彭湃遂利用这一矛盾，怂恿钟景棠协助释放被押农民。

海丰农会"解散"期间，活动并未停止，暗中入会者仍有300余人。第二区的农民，以"同盟非耕"的方式，逼迫"地主发还往日批田的押金，及减轻明年的租额"。鉴于形势的好转，彭湃决定暂留海丰，以尽早恢复农会。

1924年1月，狱中农友获释。之前，彭湃召集县城附近各乡农会代表举行了一次会议。会上，他报告了农会"解散"几个月来的斗争经过，并转达了被捕农民即将出狱的消息。彭湃强调，这个转机，"不是受陈炯明的帮助，也不是钟景棠、王作新的好心，更不是彭湃等个人的本领"，"完全是农民用本身力量，帮助自己，救出自己"。他以惠潮梅农会的发展为例，说明只有进一步联合农民、发展农会，才能让陈炯明、钟景棠、王作新之流畏惧，"来对我们低个头，说句好话"。因此，"农民运动非扩大它，普遍到全广东不可"，将来，甚至还要"把它发达到全国全世界去！"

农友们出狱后，彭湃等人全力投入恢复农会的工作。这时，陈炯明之弟陈炯光病故，他从惠州回海丰料理丧事。彭湃召开临时农会干部会议，决定组织农民举行欢迎仪式，争取陈氏对农会的支持。

陈炯明到达海丰县城当天，遥遥望见几百名群众举着小旗翘首欢迎，心中自是高兴。这批人中，除50名是由彭湃等农会干部亲自带来的外，其余全是用鞭炮、唱歌等办法吸引来的围观群众。杨其珊在欢迎词中，称在场600多人全是农民代表，是专程来欢迎"总座"回乡的，并请准许成立农会。陈炯明被捧得飘飘然，遂说："工商学都有会，农民哪可无会。"事后，彭湃和农会干部抓住陈炯明这一"口风"，迅速分赴各地，联系农会干部及会员，加紧办理恢复农会事宜。一个多月后，各乡约农会基本恢复。

对于恢复农会的活动，海丰地主豪绅却不能容忍。他们一开始就派人反复向陈炯明陈说利害，并暗中通过陈母去说服他解散农会。为显示自己反对农会的决心，王作新干脆拒绝去县署办公。

在海丰地主豪绅的全方位攻势下，本来就对农会心存顾虑的陈炯明，最终决定镇压农民运动。3月16日，即海丰总农会准备召开恢复大会的前一天，陈炯明召见彭湃，以不准在县城唱戏为由，强力阻止大会召开。彭湃据理力争，最终谈判破裂。

3月21日，在陈炯明的面谕下，王作新公告取缔农会。

3月26日，彭湃秘密离开海丰，前往汕头。杨其珊、郑志云、彭汉垣、陈修等留在海丰，组成"十人团"，继续领导农民，开展地下斗争。

海丰及广东东部地区的农民运动，暂时陷入低潮。

彭湃到达汕头后，4月1日转赴香港。驻留香港期间，时任中共中央执行委员会委员、国民党中央执行委员会常务委员兼组织部部长的谭平山，派人联系到他，邀请其到广州工作。

一、创立农民运动讲习所

1924年，中国国民党召开第一次全国代表大会，确立联俄、联共、扶助农工三大政策，同意共产党员与社会主义青年团员以个人身份加入国民党。第一次国共合作自此正式建立。大会中，国民党中央还设立农民部和工人部，作为开展工农运动的领导机构。共产党员林伯渠、国民党员廖仲恺分别被委任为农民部部长和工人部部长。

4月上旬，彭湃抵达广州，加入了中国共产党，出任国民党中央农民部秘书。农民部最初机构简单，只有部长、秘书、助理3人。彭湃任职不久，林伯渠因赴汉口工作辞职，彭素民继任部长后，又因病长期住院，所以，部里事务几乎全落在彭湃身上。任职农民部期间，彭湃除了制定规章制度和处理日常事务外，也非常关注广东各地的农民运动。他积极策划、制定有关农民运动的政策、文件，竭力推动广东农运的发展。

就任农民部秘书之后，彭湃愈发感觉到人才的重要。尤其是参与、领导了广宁、花县农会与当地统治势力的抗争后，他坚信，没有一批坚定、干练的农会干部，农民运动想扩及广东各地，最终取得胜利，实为不可能之事。

彭湃一向很注重农会后备干部的培养。在进行农民运动之初，他就深感要"唤醒民众"，必须有一批志同道合的同志。他常感叹"世上无难事，只怕少同志"——"我的最憾事，即是少同志。这个问题，我差不多夜夜都梦去寻求同志。"1924年元月，在给刘仁静的信中也提到："中国的内乱就是我们散布种子的机会，SY（社会主义青年团的英文缩写）和CP（共产党的英文缩写）还要快些设法子多使同志到乡村中来。"他还向团中央提出申请："本区经济困难，人材缺乏，诚恐有坐失事机之虞。"

为增强国民党中央对培养农运干部的重视，彭湃在青年团广东区委的领导下，草拟了一份由国民党中央出面，公开培训干部的方案。6月30日，国民党中央执行委员会第三十次会议，通过了彭湃以农民部名义提出的创办农民运动讲习所的建议，并规定了讲习所章程。彭湃被委任为农民运动讲习所第一届主任。

7月3日，中国国民党中央执行委员会农民运动讲习所，于广州越秀南路惠州会馆正式成立。第一届学员共38名（女生2名），全部来自广东本地。其中，共产党员、青年团员20名，"新学生社"成员6名。

彭湃担任农讲所第一届主任期间，除安排培训事项之外，也亲自担任授课任务。他向学员分析中国农村的社会经济状况，揭示广大农民受压迫剥削的根源，加强他们为农民群众的解放事业而奋斗的信念；他运用海丰农民运动的经验教训，说明从事农民运动必须具备的革命立场与斗争策略，提高学员领导农民运动的本领。据当年的学生肖一平回忆："他讲的课很实在、很具体、很生动。他把在海丰搞农民运动的经验总结教给我们，是我们以后在广东开展农民运动的最好的知识。"

彭湃聘请了许多知名人士和农民运动领导人前来授课，如谭平山、阮啸仙、廖仲恺、罗绮园、林甦、鲍罗庭、佛朗克、加伦等。廖仲恺在题为《农民运动所当注意之要点》的演讲中，提出"吾人其不欲国民革命成功则已，否则必先去干农民运动"，给学员们以极大鼓舞。

农讲所除正式授课外，也非常注重课外教学。到了星期天，彭湃就组织学员赴广州四郊进行农民运动实习。这种理论联系实际的方法，开创了农民运动讲习所的良好学风，为以后的干部培养工作产生深远影响。

第一届农讲所培训时间原定1个月，彭湃鉴于武装斗争对当前农民运动的重要性，临时增加了军事训练课。训练在黄埔陆军军官学校进行，为期10天。接着，又到黄埔附近的

农讲所学员在进行军事训练

第一届农民运动讲习所旧址惠州会馆

深井、鱼珠、东圃、长洲等地，进行了3天的农民运动实习。

8月21日，农讲所第一届学员毕业典礼暨第二届学员开学典礼，在国民党中央党部礼堂举行。孙中山出席了典礼，并发表了题为《耕者有其田》的演说。他指出：毕业学员深入农村，发动农民，是"我们国民党做农民运动所办的第一件事"；"农民是我们中国人民之中的最大多数，如果农民不参加革命，就是我们革命没有基础"，"如果这种基础不能巩固，我们的革命便要失败"。

第一届农讲所正式毕业学员共33名，除少数留在中央农民部工作外，其余25人作为国民党中央农民部特派员，分赴广东各地开展农民运动，很快成为当地农运工作的中坚。1926年，国民党中央农民部在总结农民运动讲习所的工作时，称第一届毕业学员为"农民运动之推进机""主持各主要农民协会区域之战斗员"。

彭湃担任国民党中央农民部秘书期间，农民部部长一职先后经历五次变更，但彭湃始终是部里的核心。廖仲恺接任部长不久，彭湃赴广宁领导减租斗争，自此离开农民部秘书职位。

二、指导广宁减租斗争

广宁是广东较早开展农民运动的县份之一。4月上旬，共产党员周其鉴等联络一批广州油业工会工人，回家乡广宁进行宣传、组织活动。他们在江屯设立广宁农会办事处，后持国民党中央党部的公函，要求县长李济源为农会立案。李济源借口只受理省署公函，拒绝立案。彭湃得知后，督促广东省署两次发电，责成李济源为农会立案，但李置之不理。

为解决广宁农会问题，5月中旬，彭湃以国民党中央农民部特派员身份，到达广宁，要求会见李济源。被拒后，他索性下到农村，直接从事发动工作。他运用当年领导海丰农运的经验，向农民讲解"耕田亏本"、地主剥削农民的事实，并指出农民只要团结，就能取得斗争胜利。在彭湃的宣传下，仅十天，农民的团结意识就迅速提高，农会会员由4000多户增至7000多户。

在广宁的10多天里，彭湃也十分重视党建工作。5月下旬，他与周其鉴在新楼村，主持了广宁第一批党员（高玉山、高树南、李坤等8人）的宣誓仪式，正式建立中共广宁县支部，成为我国农村最早建立的基层党组织。

广宁农民运动的迅速发展，使当地阶级矛盾迅速激化。6月10日，广宁大地主江耀南等指使民团捣毁江屯农会。接着，墰布大地主江汉英又率领民团焚烧墰布农会，肆意殴打农会职员。彭湃及时向国民党中央作了汇报，争取到国民党有关部门与广东革命政府的支持。同时与青年团广东区委同志商议，发动工人、学生等群众团体，通电、宣言支援广宁农民；又派出工人、学生代表赴广宁慰问受害农民，以新学生社等工学界名义在广宁广发传单，激励农民的斗志。

在中共广东区委和青年团广东区委以及国民党左派领袖廖仲恺的支持下，广宁各地农会不久便得到恢复。9、10月间，参加农会的已达10000多农户。10月10日，广宁县农会成立。

县农会成立后，根据农民要求，立即组织开展减租运动。他们在全县农民代表大会上通过"减租四成"的决议，并于11月初陆续在各地实施。11月中旬，县农会先后发出《减租宣言》《给田主的一封信》，申言减租是全县农民的正当要求和正义举动，提出"不达减租额数，以收回应得利益之目的，誓不甘休"！

对此，当地豪绅地主纷纷起而反对。他们组成"保产大会""业主维持会"，纠集反动武装"业主军"800多人，高喊"乱世无主，强奴反主，大祸压眉，武力反抗"的口号，决心武装扑灭农会，镇压减租运动。

中共广东区委收到广宁县农会的报告后，派彭湃以国民党中央农民部特派员身份赶赴广宁，领导这一斗争。

11月26日，彭湃抵达广宁拆石。前一天，地主武装已发动对农军的攻击。彭湃听取周其鉴等县农会领导人的汇报后，根据敌强我弱的形势，果断作出"静待时机、以守为攻"的决定：（一）召开农民代表会议，讨论对应措施，争取与县长、地主代表谈判，合理解决减租问题；（二）组织各地农军积极训练、严阵以待，并扩大声势，使敌人不敢轻易来犯，争取尽量多的备战时间；（三）深入做好思想动员工作，坚定群众对减租斗争的决心，增强农会的凝聚力和战斗力。

为和平、合理解决减租问题，11月28日，彭湃赴县署与县长蔡鹤朋交涉，约定12月1日召集佃业双方和平会议。开会当日，各区乡农民代表50多人准时应会，地主代表在蔡鹤朋的包庇下拒绝出席。同时，以江汉英、江淮英为首的地主武装集团，趁机纠集"业主军"100多人向社岗等地发动突然袭击，致使农军损失惨重。次日，"业主军"又袭击了塘径农军。

彭湃接到消息后，十分气愤。他两次找到蔡鹤朋，对其袒护地主，破坏国民党扶助农工政策的行为进行了驳斥。鉴于和平解决减租问题已不可能，彭湃亲赴粤军第三师驻广宁司令部，要求派兵协助，未取得任何实际效果。同时，他与县农会一道，积极组织农军备战，准备全力打击来犯的地主武装。12月2日和5日，彭湃先后向中共广东区委和国民党中央农民部发出报告，要求派军队支援。报告强调了此次斗争的决定性意义，认为只有取胜，农民运动才能继续发展。同时谈到了建立农民武装的必要性，指出光有宣传没有武器，什么也干不成。

彭湃的报告得到中共广东区委及廖仲恺等一批国民党左派力量的支持。廖仲恺派出大元帅府铁甲车队开赴广宁。铁甲车队赶到广宁的前一天，彭湃为显示农民的伟大力量，增强群众抗击地主势力的信心，与周其鉴等特意组织了一次请游行。

12月10日，各区农民代表500余人在荷木嘴举行大会。彭湃发表演说，鼓励农民将减租斗争进行到底。会后，农民代表集体前往县城请愿。在农民代表与县长蔡鹤朋辩论时，彭湃先对蔡鹤朋的讲话要点作了记录，然后根据国民党党纲，对其言论一一作了驳斥。蔡鹤朋理屈词穷，狼狈至极，被迫接受农民代表提出的"解散业主维持会""解除地主武装""缉拿祸首江汉英、江淮英"等9项条件。在农民代表要求下，蔡鹤朋还不得不到县署外向请愿群众讲话。为不引起地主豪绅的反感，他竭力压低自己的声音。彭湃揣得其意，有意将他的每一句话大声重复一遍，弄得蔡鹤朋满脸尴尬，连连请求"小声点"！

12月11日，铁甲车队在队长徐成章、党代表廖乾五的率领下，抵达广宁农军据点社岗。次日早，以农军为前锋，铁甲车队为后进，向墰布地主据点发起了攻击。经过一天激战，地主武装退守到以江姓炮楼为中心的几个据点。江姓炮楼高5层，建筑坚固，土炮无法攻破。农军屡攻不下，于当晚撤回原防。廖乾五返广州报告战情，请求增派兵力。

12月16日，廖仲恺以大元帅府名义，下令就近驻防的粤军第三师，立即派1个营赴广宁协助农军。他申明："此次调兵，全为护卫农民，清除土恶，务使横霸乡曲损人肥己者，绝迹销声，不为农害。"同时，廖仲恺下令组织绥缉善后委员会，由蔡鹤朋、彭湃、廖乾五，及第三师一位高级副官为委员，共同处理广宁事件。

12月15日，第三师官兵两个连约130余人，由副官长詹学新率领，从四会开到广宁潭布。江汉英、江淮英等地主头子闻讯，立即设宴"犒劳"，承诺每位官兵每日发给银元两块，以示"敬意"。一番"款待"之后，第三师两个连的官兵竟转变立场，公然宣布"不许农民扰乱治安"，并要求铁甲车队制止农民的"越轨"行为。16日，詹学新等亲自到社岗铁甲车队驻地，会见徐成章，表示不能支持农民的减租要求。

面对这种情况，彭湃一方面反复回访徐成章，竭力增进与第三师官佐的关系，一方面发动农民群众，向第三师官兵频频"示好"，以消除他们的敌意。12月19日中午，"农兵联欢大会"在社岗乡田垌举行，约50名第三师官兵代表应邀参加。到场的还有4000多名农民，及铁甲车队全体官兵。会上，彭湃、徐成章和第三师营长李汉魂先后作了演讲。彭湃在演讲中指出，广宁县地主劣绅是在效法军阀，进行反革命行动，因此必须军民一心，反抗与农民士兵对立的"特殊阶级"。演说之后，军民各方表演了游艺节目。拆石、社岗的农民专门做了"革命糍"（一种糕点），分发给在场官兵。受会场团结气氛感染，第三师官兵的态度渐渐有了改变。李汉魂当即表示要"实现农兵联合"，詹学新在会后也逐渐转向支持农会。

在彭湃、廖乾五的争取下，12月26日，绥缉善后委员会预备会议在县城举行。会上，彭湃提出惩办祸首、解除地主武装、实行减租、赔偿损失、恢复农会的提案，并提议增加广宁县农会代表两名列席。27日，正式会议召开，最终通过两项决议：缉拿江汉英、江淮英、谭侣松等8名广宁事件祸首；收缴反动地主武器。会议斗争取得初步胜利。

眼见大势将去，12月29日，广宁县团保总局长谭侣松通过县署发出请柬，邀请中央农民部特派员、铁甲车队、第三师长官及县长，于当晚八时到县团保总局赴宴，企图借此拉拢、腐化革命队伍，营造地主、官兵一团和气的假象，至少实现对自己的宽大处理。

"被缉对象"竟敢如此嚣张！彭湃、廖乾五非常气愤。商议之后，决定将计就计。19日晚，彭湃、廖乾五、徐成章身佩短枪依约赴宴。谭侣松等以为计划得逞，暗自得意，敬酒行令，大献殷勤。8点时分，彭湃等突然对他实施了拘捕。同时，赵自选、周士第等率领铁甲车队，迅速冲进团保局，收缴了县民团的枪械。

谭侣松随即被押解到县农会。蔡鹤朋得知后，急忙前去要求移交县署，遭到廖乾五的拒绝。双方矛盾激化，绥辑委员会不欢而散。

彭湃与铁甲车队官兵押解谭侣松返回社岗后，遂即部署了对江姓炮楼的围攻。彭湃还连夜派赵自选往广州报告事件经过，请调大炮增援。

在此间隙，广宁县农会在社岗举办了一次公祭大会。彭湃在会上高度评价了在此次抗争战斗中牺牲的农民的革命精神，赞颂他们"是为农民利益奋斗而死之急先锋"。葬礼开始，彭湃、周其鉴等亲自抬棺，廖乾五、徐成章执拂，铁甲车队放炮21响。庄严、肃穆的场面，使与会群众无不为之感奋。

1月9日，廖仲恺派来的大元帅府卫士队，在队长卢振柳的率领下，携带大炮一门，到达广宁。刚抵驻地，便与江姓炮楼的地主武装展开战斗。卫士队炮兵向江姓炮楼共发射6枚炮弹，发发命中，但由于炮楼太过坚固，楼体并未受损。

在战斗陷入僵局的时候，卫士队长卢振柳与地主势力的"和谈"也在暗暗进行。1月12日，他下令卫士队停战，要求县农会及铁甲车队停止围攻江姓炮楼，停战5天，并召开全县业主会议，"和平"解决减租问题。

停战令发出当日，彭湃等以广宁县农会名义，两次致函卢振柳，对和平解决的办法提出异议，指出了停战的错误。同时，县农会向各地农军发出命令：即使卫士队停战，农军也不能松懈，对各地的地主武装仍要继续包围，严密监视。县农会还派出宣传队前往各区、乡，向农民讲解斗争形势，鼓舞斗志。

停战期间，卢振柳公开与地主一伙"双憩双行"，甚至拉他们进国民党。同时，农军与地主武装的战斗还在继续。一些村庄被抢掠焚烧，一些农民遭残酷杀害。彭湃将情况如实汇报给卢振柳，不见任何回复。1月18日，卢振柳命令农军撤回步哨，不准带枪外出，实际上等于解除了农民的武装。对此，彭湃一方面致函卢振柳："农民协会系完全独立不受任何拘束之团体"，拒绝服从武装解除命令。另一方面，由县农会致电代理大元帅胡汉民、农民部长廖仲恺，并通电全国，声讨卢振柳勾结地主、压迫农民的罪行。为妥善解决这一问题，彭湃于18日赶赴广州，向中共广东区委及国民党中央农民部请示汇报。

1月19日，廖仲恺以胡汉民的名义，发出四个命令，撤掉了卢振柳的卫士队长职务，由卫士队第一连连长谢星继代理，廖乾五兼任党代表。同时任命谢星继、廖乾五、彭湃三人重新组成绥辑军事委员会，统一指挥广宁的军事行动。

23日，彭湃携带一批炸药返抵广宁。他对卫士队官兵进行教育、动员，最终取得了他们对农民的支持。31日，绥缉军事委员会召开会议，决定于2月1日向地主武装的盘踞点发起全面进攻，并打算通过挖地道、埋设炸药的方法，一举摧毁江姓炮楼。

2月1日，在铁甲车队的掩护下，彭湃亲率农军12人，开始挖掘地道，2月3日下午，地道工程完成。炸药安放后，应时爆炸，但炮楼并未倒塌。由于连续奋战了三天两夜，彭湃疲惫至极，此时看到炸楼未成，一时心急，晕倒在地。

彭湃经抢救苏醒后，迅速将情况写成详细报告，派赵自选赴广州，请求重型武器支援。同时与军委会商议，决定改用火攻。

火攻方案尚未付诸实施，久困在江姓炮楼等据点的地主武装已开始动摇。2月13日，江姓炮楼的地主武装正式向农军缴械投降。随后，农军在卫士队、铁甲军队的配合下，接连扫清了占据螺岗等地的地主武装。16日，广宁农民反抗地主的武装斗争胜利结束。

广宁减租斗争的胜利，使广宁农会的威信进一步提高，农会组织迅速扩大。受此影响，周边西江、北江各县的农民运动也取得新的进展。

2月19日，彭湃与卫士队、铁甲军队在广宁农民的热烈欢送中，离开广宁，返回广州。

三、支援东征

1925年初，孙中山北上。盘踞在东江的陈炯明认为反扑时机已到，遂纠集力量，分兵三路进犯广州，企图推翻广东革命政府。对此，广州大元帅留守府决定组织东征联军，讨伐陈炯明。

1月中旬，彭湃知道东征的消息后，托人捎信给海丰农会领导人，通知做好支援、接应准备；又派人到广州取电报密码，建立秘密电台，以畅通海丰与广州的信息渠道。彭湃与周恩来等研究后，还派李劳工等发动广州的海丰籍人力车夫50多名，组成海丰农民自卫军，作为东征军的向导。

2月27日，彭湃随东征部队进入海丰。他以国民党中央农民部指导员的名义，担任发动农民支援东征以及恢复粤东农民运动的工作。

东征军一进入海丰，就受到农民群众的热烈欢迎。彭湃在《关于东江农民运动情况的报告》中说："由白云入鹅埠、赤石、梅陇一带，农民欢迎我军异常热烈。或插青天白日旗或插农会旗，沿途并插，旗上都写标语；摆茶摆水，欢呼革命万岁者不绝于途。"他们"或为党军内应，或作外援，如当冲锋队，充伕役，向导，侦探及截击逆军等等无不踊跃去做"。

前来探望彭湃的群众络绎不绝，头一天就达七八千人。他们向彭湃叙述陈炯明的压迫，控诉地主豪绅的残暴，并提出减租、取消苛捐、发给武装等要求，其中，"尤以武装之要求为最切"。海丰农民群众的革命热情深深鼓舞了彭湃。他坚信，"现在东江农会运动的发展当已不成问题"。

2月28日，周恩来、谭平山等抵达海丰县城。彭湃与他们商议后，决定尽快恢复海丰农会，建立农民自卫军。

3月1日，海丰各界群众1000多人，在县城的林祖祠与东征军举行联欢大会。周恩来、彭湃分别作了演说。3月3日，海丰农民又举行一次欢迎东征军大会，到场群众30000多人。会上，彭湃宣布恢复农会，在县代表大会召集前，暂由临时县执行委员会行使会务。

县农会临时执行委员会成立后，派宣传员分赴各区、乡进行宣传。彭湃亲自到各区、乡指导工作。各区农民代表大会及农协成立大会召开时，他几乎每次都出席。在彭湃等的努力下，海丰农会的重建工作进展迅速，区、乡农会陆续建立起来。

县农会恢复后，明确提出"打倒帝国主义""消灭军阀"等口号，并提出"废除苛捐杂税""实行减租""发展农村教育"等一系列利民措施。在县农会的推动下，海丰县公署还通过决议，严禁谷米出口，稳定粮价，保证市场供应。

3月16日，农民自卫军正式成立，最初成员有60余人，多数是随东征军到此的海丰农民自卫军成员。一个月后，自卫军扩充到200多人。在彭湃建议下，李劳工被委为总队长，吴振民、卢德铭等黄埔军官任教官。彭湃与海丰农会还争取到各方对农军的支持。粤军总司令部拨了40支枪，广州革命政府专门运来3000发子弹。

为培养革命力量，扩大农运干部队伍，彭湃在国民党中央组织部部长谭平山、国民党东江潮梅组织主任周恩来的指导下，组建了国民党海丰县党部，在农民群众中大力发展党员。在3月3日的海丰县国民党党部第一次会议上，彭湃被推为县党部宣传委员。4月，中共海陆丰特别支部建立，成员包括彭湃、林甦、郑志云、李劳工、李国珍、张威、吴振民、林务农等，彭湃任支部书记。同时成立的，还有中国共产主义青年团海陆丰特别支部，及妇女解放协会、商民协会、新学生社等群众团体。为扩大农运干部队伍，4月20日，彭湃创办了海丰农民运动讲习所，招收男女学生40余名（女生6名），自任所长，聘请李国珍、吴振民、杨嗣震、聂琦为教员。这届学员毕业后，一半留在海丰，一半分配到饶平、潮安、普宁、揭阳、陆丰、五华等县工作，有力推动了东江各县农民运动的发展。

为扩大影响，彭湃参与了《陆安日刊》的编辑工作。《陆安日刊》原为陈炯明把持，是海丰反革命势力的喉舌，东征军攻占海丰后，改由海丰县党部主办。新刊于3月16日发行，每日1期，共分4个板块，主要刊登海丰工农群众运动、东征军、广州革命政府的消息，及国民党的政策主张。《陆安日刊》事实上成为当时海丰宣传革命的重要阵地。

海丰的新政权建设也取得长足的进展。在彭湃的推荐下，海丰农民运动领导人、国民党左派彭汉垣当选为海丰县长，共产党员陈魁亚任教育局长。新政权废除了海丰乡里约的旧制，取消了陈炯明时代的苛政，实行禁鸦片，禁蓄婢，兴修马路，整顿警察，取消了"伙头鸡""三下盖"等陋规，使海丰的社会面貌焕然一新。

与海丰一样，陆丰等邻县的农民运动也曾遭受巨大挫折。以县长徐健行为首的反动势力，借缴饷之名，肆意勒索，苛征无度。5月初，彭湃亲自率领农民自卫军及农讲所学员90余人，前往陆丰。徐健行见势头不对，慌忙逃走，县公署只留下几名官员。彭湃向他们提出几项要求：各机关非国民党职员者一律撤职；组织粮食救济会；军需不得由无产农民负担；拿办反动劣绅；划拨县议会常费给农民协会。接着，彭湃召开县群众团体代表会议，正式通过《驱逐徐健行的决议》，建立以刘琴西为县长的革命政权。同时，派人分赴潮阳、惠来、普宁等县，恢复和发展农会组织。

7月上旬，海丰全县第一次农民代表大会召开，出席大会的代表100多人，分别代表全县35000多名会员。陆丰、紫金、普宁、惠阳等县也派出代表参加。大会开幕当天，同时举行了"七五"农潮一周年纪念大会，到会群众达7万多人，为海丰前所未有。大会经过讨论，通过了联合工农、封锁香港、武装全县农民、巩固各级协会组织、肃清反革命派等多项决议案。

在彭湃及战友们的共同努力下，到1925年4月为止，全省建立农会组织的县已达22个，会员达23万。粤东农民运动的恢复与发展，为第一次东征提供了巨大的物力、人力支持，也为整合全省革命群众力量、推动广东革命形势的发展创造了条件。

1925年5月1日，广东省第一次农民代表大会在广州举行，成立了广东省农民协会，统一领导全省农民运动。召开省级农民代表大会，在全国属于首次。会议为期15天，出席代表共117人。会议通过《经济问题议决案》《农民自卫与民团问题议决案》《农民协会今后进行方针议决案》等7个议决案。彭湃当时正在粤东从事农民运动的恢复、发展工作，没有出席大会，但被选为省农协常务委员（另外二人是

广东省农民协会第一届执行委员会委员，后排左二为彭湃。

省港工人大罢工

阮啸仙、罗绮园）。大会决议阐明了工农联盟的重要性：
"无产阶级倘若不联合农民，革命便难成功。"省农协会在
《成立宣言》中，也号召要组成"工农革命战线，向压迫阶
级进攻"。

1925年5月30日，上海发生了震动全国的"五卅惨案"。
中共广东区委召开党团联席会议，发起省港大罢工，声援上
海人民的爱国斗争。海丰农民在彭湃的领导下，也加入这一
反帝爱国浪潮。他们示威游行，散发传单，揭露帝国主义的
暴行；对于罢工返乡的海丰籍工人，尽力提供妥善安排。海
丰农会根据省港罢工委员会决定，派农民自卫军封锁住海丰
的各个港口，并发动海丰群众每人捐1角钱，援助罢工工人。

第一次东征后，早对广东革命政府图谋不轨的杨希闵、
刘震寰二人，趁孙中山逝世及右路军尚在潮汕之机，公然发
动叛乱。

面对紧急局势，广东革命政府决定放弃潮梅，回师以应
付叛敌。彭湃动员海陆丰农民，以各种方式协助东征军回
师。8月间，陈炯明的部队，趁东征军撤离粤东，东江防务
空虚之机，卷土重来，接连攻陷潮汕各属县及五华。9月中
旬，逼近海陆丰。

面对强敌，海丰农会派出农民自卫军400余人，协同驻
防军扼守公平、樟树坳等地，抵挡陈军。陆丰农民自卫军在
大安等地构筑战壕防守。后来，由于敌众我寡，海陆丰农民
自卫军被迫撤出粤东，10月初抵达广州。随同撤退的，还有

县农会、工会等组织的骨干与国民党县党部的职员。

陈炯明部队进入海陆丰后，联合当地土豪劣绅，大肆实行反革命报复。"每到一村，闾阎为之一空，而放火烧毁有二三十乡，打死五六百人，可谓惨极！"

对于陈炯明的野蛮暴行，彭湃非常痛恨。1925年9月，他在《革命政府应如何对待东江问题》一文中，讲述了东江人民对第一次东征所作的贡献，要求广东国民政府迅速开展第二次东征，彻底荡平陈炯明势力。彭湃一再强调：对此事坐视不救，东江人民对革命政府必大失所望，而抛弃东江群众，与反革命派妥协，革命政府所树立之基础，势必土崩瓦解。

10月1日，第二次东征开始。粤东各地群众大力配合，10月14日攻下惠州，22日进占海丰，26日攻克陆丰。

彭湃随东征军进入海丰。10月25日，他主持召开海丰全县农民代表大会。会上，报告了东征军的进军情况，研究了如何进一步发动农民、恢复扩大农会组织等问题。

中共广东区委为加强对海陆丰工作的指导，决定将海陆丰特别支部改组为海陆丰地委，由彭湃任书记，郑志云为组织委员，李国珍为宣传委员。不久，中国共产主义青年团海陆丰地委宣告成立。受此影响，海陆丰地区的工会、农会以及各种群众组织，纷纷恢复、发展起来。1926年8月，海丰农会会员达43000名，比上一年增加23%。在彭湃与海陆丰地委的领导下，海丰群众运动也空前高涨。据统计，1925年

8月至1926年8月，海丰各类群众集会达49次之多，如反日出兵示威大会、援助省港罢工周、援助北京"三·一八"惨案等等，呈现出一派新气象。

十月革命后到过莫斯科的《少年先锋》记者杨白，听到外界盛赞海丰的传闻，特地到海丰参观。他从马鬃到海丰城，又从海丰城到公平、汕尾，发现一个罕见的景象：工厂没有资本家，就医不交医疗费，民众安居乐业，路不拾遗、夜不闭户……在通讯中，他兴奋地把海丰誉为"小莫斯科""工农的乐园"，并将海丰农民自卫军称为"东方的红军"。

1926年8月，毛泽东主办的第六届农讲所学员300多人，在肖楚女的带领下，到海丰实习考察。学员们分为10余个小组，由当地农会会员作向导，分别到不同乡村进行实地调研。这一经历，对学员们的启发很大，坚定了他们从事农民运动的决心和信心。毛泽东在听取肖楚女的汇报后，对彭湃领导海丰农民运动的成就深表钦佩。同年9月1日，他在《农民运动》第八期发表的《国民革命与农民运动》一文高度评价了海丰农民运动，明确指出，全中国各地都必须办到海丰这个样子，才可以算得革命的胜利，不然任便怎么样都算不得。

四、农民部部长

1925年10月20—26日，国民党广东省党部第一次代表大

彭湃（右）与阮啸仙

会在广州举行。彭湃与阮啸仙共同向大会提交了一份《关于农民运动之报告提案》，详细分析了农民运动的重要性，回顾了国民党关于农民政策的确立，以及广东农民运动的发展历程，揭示了农民当前在政治、经济上的痛苦境遇。

提案指出，"农民在政治上所受痛苦最惨酷，最切肤，而且为农民运动之最大障碍的，就是民团"及"本党政府治下之驻防军队与地方官吏"。他们挂名"革命"，却无视党纲党纪，到处勾结土豪劣绅，压迫农民，摧残农会，以至"本党农民运动所得之结果，几乎为若辈摧陷殆尽"。农民所受的经济痛苦，主要是高利贷、当押店的重利盘剥、买卖之垄断居奇、苛捐杂税及额外征收等等。提案还着重阐述了"广东农民现在的要求"：取消预征钱粮、苛捐杂税、附加费；规定最高限度租额，严办重利盘剥农民者；解散各县摧残农民协会之商乡民团、取消民团统率处，等等。

国民党广东省党部第一次代表大会对《关于农民运动之报告提案》给予了充分肯定，一字未改作为大会决议发表。这次大会正式成立了国民党广东省党部，彭湃、何香凝、杨匏安、刘尔嵩等9人，被选为省党部执行委员。在随后的国民党广东省党部执行委员会第一次会议上，彭湃被推为农民部部长。

在担任国民党广东省党部农民部部长期间，彭湃与党部其他共产党员及国民党左派一起，提出许多维护劳工权益的建议，并争取省党部推动多项发展群众运动的决议。他也经常以省农民协会常务委员的身份开展工作，先后主持欢迎国民党第二次全国代表大会农民党员代表、海员工会代表以及省港罢工工友的大会。彭湃利用一切机会宣传工农联合的意义，称现在国际资本帝国主义最惧怕的，就是工农联合向他们进攻，"这就是帝国主义者的致命伤"，因此，工农阶级必须联合起来，打倒帝国主义，打倒军阀，使全中国革命化，使全世界革命化。

1926年1月，省农协为加强对全省农民运动的领导，决定划分全省为西江、南路、潮梅海陆丰、北江、中路、琼崖、惠州7个区，除中路直属省农协领导外，各地分设办事处。彭湃兼任潮梅海陆丰地区的办事处主任，处所设在汕头市志成里1号。

1月中旬，普宁农民在县城遭到方姓地主的无理殴打，引起农会的抗议。方姓地主于是勾结县长，号召方姓家族，并煽动城里人与农会作对。在接连遭到地主武装袭击后，普宁农会奋起反抗，并提出"打倒方姓""打倒城内人"的偏激口号。潮梅海陆丰办事处得到消息后，立即指出这一口号的错误性：农民之敌，是几个方姓地主劣绅，不是整个方姓家族；是城里的土豪劣绅，不是所有城里人。随后，中共广东区委农委及省农协委派彭湃前往普宁协助工作。

彭湃于29日下午到达普宁。7000多群众和500多名农军战士，徒步20多里前去迎接。地主方面得知彭湃要来，非常惊慌，又听说农会准备借迎接彭湃之机举行示威游行，更是惊恐，于是在28日便派人到潮梅办事处求和，并于次日上午与普宁农会达成协议，同意了农会的条件。彭湃尚未到普宁，斗争便以胜利告终。

就在各地农会相继恢复并深入发展之际，国民党右派势力与各地土豪劣绅的勾结也日渐公开化，许多地方的农民运动遭到破坏。对此情况，省农协决定召开执委扩大会议。2月下旬，彭湃由粤东赶回广州。

2月22日，省农协扩大会议召开，林伯渠（刚接替陈公博担任国民党中央农民部长）主持。彭湃作了《农民部工作经过的报告》。会议总结了省农协的最近工作，讨论了农民运动在遭受国民党右派破坏的情况下，如何进一步开展的问题。会议还决定召开全省第二次农民代表大会。

3月中旬，彭湃离开广州，返回汕头，继续主持潮梅海陆丰办事处的工作。他先与农民代表一道，亲赴市政厅交涉，合理解决了普宁、揭阳拾粪农民的待遇问题。又主持召开了潮汕地区农民代表大会，号召农民参加农会，开展减租与废除苛捐杂税等斗争。

3月20日，蒋介石制造了中山舰事件，这是国民党右派实施反共的又一次试探。4月，彭湃从汕头回到广州，明确主张抛开国民党旗帜，由共产党独立领导工农群众。他说，"农民是要求自己的政权的"。在实际工作上，他积极投入到省二次农大的筹备当中。在审查二次农大代表时，彭湃发现曲江县农协为当地土豪劣绅操纵，出席代表也是假冒的。为正本清源，他亲自到曲江，对当地农协的领导机构进行了改组，选出了真正的农民代表。

1926年5月1日，广东省第二次农民代表大会在广州举行。出席代表214名，分别代表全省61个县、62万多农协会员。广西、福建、湖南、湖北、江苏、河南、山东、山西、贵州等11个省，派代表参加。就规模而言，这次大会称得上是一次全国性的农民代表大会。大会历时15天，前三天与全国第三次劳动大会联合进行。会上，阮啸仙代表省农协作的《广东农民一年奋斗经过》报告中谈到，省农协自成立后，已由21个县发展至61个县，会员人数由20万增加至62万。

5月5日，是马克思诞辰纪念日，两个代表大会联合在番禺学宫广场举行纪念大会，到场工农代表及各界群众有2万余名，苏兆征、彭湃等7人组成主席团。彭湃在"开讲词"中说：马克思指示我们，只有全世界无产阶级联合起来，才能够打倒国际资本帝国主义，也只有打倒帝国主义，才能求得自身的解放，建立无产阶级所需要的共产社会；因此，今

出席广东省农民第二次代表大会的代表

天纪念马克思，不仅要信仰他的主义，还要努力进行实际运动，使主义得以实现。

省二次农大最后通过了《农民运动在国民革命中之地位》《废除地主对于农民苛例》《工农兵大联合》等决议案，并通过了《广东省农民协会修正章程》，发表了《敬告全国农民兄弟书》等通电。大会还选出13名省农协会第二届执行委员。常务委员由3人增至5人，彭湃、罗绮园、阮啸仙继续当选。

广东省第二次农民代表大会的召开，标志着广东农民运动的空前高涨，进一步推动了广东农民运动的发展。与此同时，国民党右派的破坏活动也更加猖獗。为专心投入潮汕农运工作，6月5日，彭湃于国民党广东省党部第三十次会议上，辞去了省党部农民部部长的职务。

担任农民部部长的短短半年间，彭湃除积极领导各地农民运动外，也非常注重培养革命后备干部。他先是担任了国民党中央农民运动讲习所第五届主任。这一任职起于1925年9月，后因第二次东征中断，11月初才继续。这届讲习所首次招收了外省学员。114名学员中，非粤籍的有71名，其中以湖南籍最多，包括毛泽民、蔡协民等42名。彭湃将这些外省学员单独编班，并将学期拉长到3个月，帮助他们更好地了解和参与广东农民运动。学员毕业后，本省的分派到东江、南路各地，外省的则分派到鄂、湘、皖、鲁、赣、闽等地。这段时期，彭湃还担任了国民党省党部宣传部的宣传讲习班教员。此任职起于1926年4月，主要是讲授"海丰农民运动"。后来，彭湃又相继担任广东区委地方干部训练班、第六届农民运动讲习所（毛泽东主办），以及国民党广东省党部青年夏令会讲习班的教员。教授内容包括"东江农民生活状况""开展农民运动的经验"等。他的讲课，生动具体、通俗易懂，受到各类训练班学员的一致欢迎。

五、撰写《海丰农民运动报告》

《海丰农民运动报告》的写作始于1923年，即"七五"农潮时，1924至1925年间完成。该报告全文6万多字，1926年先后发表于中国国民党中央农民部机关刊物《中国农民》第一、二、四、五期上。

报告详尽叙述了海丰农民运动的全过程，记载了彭湃本人自1922至1924年间的革命活动及思想状况。彭湃用马克思主义的阶级分析法，分析了海丰的阶级分化状况，阐述了地主与农民两大阵营间不可调和的对立根源。

彭湃认为，地主、农民是海丰两大对立阶级。地主阶级通过自身的政治代理人——军阀、官僚、士绅等统治农民。他们以地租方式侵占了农民50%至75%的收入，并经常以殴打、逮捕、勒索等手段压制农民。农民阶级作为统治对象，分为自耕农兼小地主、自耕农、半自耕农、佃农、雇农5种。自耕农兼小地主与自耕农虽能自给自足，经济地位相对较高，但由于受到帝国主义及封建势力的双重欺压，常处于衰败、破产的边缘，一不小心便沦为佃农。佃农数量最多，约占农民总数的55%，生活最为艰辛。他们终日劳作，却只落一个"亏空"的结局。彭湃举例说明，比如一个身强力壮的佃农，在交纳50%的地租后，除去肥料、种子等成本，所余只够自己维持10个月的伙食；为了应付全家食用及医疗开支，他们或典押借贷，嫁妻卖儿，或逃出农村，卖身猪仔，或进城上山，为匪为兵，总之朝着一条"死"路去！

政治、经济上的不平等，直接导致教育机会的不平等。彭湃指出，全县约80%的教育经费抽自农民，但农民不知教育为何物！4/5的农民连姓名都不会写。此外，地主阶级通过控制教育、文化资源，大量散布封建剥削思想，进一步巩固了他们在政治经济方面的统治地位。

彭湃系统回顾了1922年6月至1924年初海丰农民运动的发展经过，并总结出如下几点经验教训。

首先，开展农民运动，必须深入做好思想教育工作。发动农民起来抗争，必须解除束缚他们的思想包袱。由于封建势力的长期统治，农民对于自己的痛苦境遇，多持宿命论的观点，更少主动争取应有的政治经济权益。因此，发动农民起来与封建地主抗争，必先使他们理解痛苦的根源不在命运而在制度，只有团结起来，才能争取自身的彻底解放。彭湃回顾了在发动农民过程中，群众由不敢接近他到欢迎他，从害怕听他演说到踊跃加入农会的经历，生动说明了思想教育工作对发动、组织农民的重要性。

其次，必须及时组织农会，使之成为领导农民斗争的指挥部。彭湃回顾了组建农会，开展农民运动的全过程。从"六人农会"起，经过赤山约农会、海丰总农会、惠州农民联合会，直到最终创建广东省农会，前后不足一年。其中起重要推动作用的，便是农会的创建。农会不仅替农民办理事务，举办教育、福利事业，还领导他们与封建势力展开针锋相对的斗争。"在有农会的时候，地主不敢十分加租、吊田、逼旧新租等等去压迫农民，土豪劣绅、警察以及县城的流氓都不敢鱼肉农民；农会解散之后，他们就向农民进攻。""在有农会的时候，军阀、官僚抽派军饷不敢十分硬派农民，即有之，如以农会团体之名义去请求也可取消或减轻；农会取消之后，农民如无主孤魂，任人派勒。"正是在这种鲜明的对比下，广大农民才体会到，只有农会，才真正为农民着想，真正为农民谋利益。

再次，必须领导农民开展斗争，反对封建压迫。彭湃指出，农民只有不断参加反封建的斗争，才能得到阶级斗争的锻炼和考验，才能提高阶级觉悟，并最终争取经济上、政治上的权益。同时，也只有不断领导农民进行抗争，才能使地主阶级体会到农民力量的强大，使他们明白，"农会愈解散，愈发展，愈压迫而愈长大"，从而不得不承认农会的合法性。

《海丰农民运动报告》一书，是中国共产党较早发表的专门总结农民运动、阐明农民问题的重要著作。其内容丰富、资料翔实，对探讨我国现代农民运动的发展历程，具有重大历史意义。它阐明了农民问题对中国革命的重要性，启发了党对农民运动的思考。1926年，毛泽东在《农民问题丛刊》序言中指出：《海丰农民运动报告》及有关广东农民运动的材料，"乃本书最精粹部分"，"它给了我们做农民运动的方法"，"又使我们懂得中国农民运动的性质"。1927年，瞿秋白在毛泽东的《湖南农民运动考察报告》序言中，将本书与《海丰农民运动报告》并列，叫中国的革命者，都应读一读这两本书。

《海丰农民运动报告》于1926年刊出后，多次重版。1926年9月，被编入《农民运动丛刊》第19种，初次印出单行本。10月，广东省农民协会将书名改为《海丰农民运动》，作为《广东省农民协会丛书》之一出版，周恩来亲题了书名。1927年1月，湖南省党部农民部翻印了此书。3月，毛泽东在武汉主持中央农民运动讲习所时，再次翻印本书为教材。1953年，本书被收入《第一次国内革命战争时期的农民运动》丛书重印。1959年，作家出版社重印了单行本。在国外，此书还有英文和意大利文等多种译本。

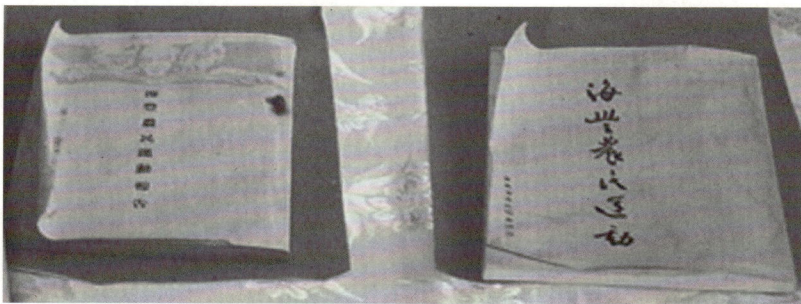

早期出版的《海丰农民运动》，题名者为周恩来。

广东各地农会的恢复与发展，使统治阶层大为惊恐。面对革命发展的迅猛势头，国民党右派势力渐渐失去耐性，纷纷撕下"联合工农"的假面具，公然与农民群众为敌。1926年下半年，广东农民运动进入困难时期。

一、调查花县惨案

在国民党右派的默许和公开支持下，各地反对农民运动的气氛日渐高涨。处于反动先锋位置的，是以各县县长为代表的地方权贵势力。面对这一严酷现实，广东省农民协会于8月17日召开执行委员会扩大会议，具体商讨反击国民党右派的进攻事宜。会议在广州举行，为期7天。出席会议代表共108人，除执行委员外，还有6个办事处、40个县、2个市郊的代表。中共领导人瞿秋白、毛泽东、张国焘等，国民党中央农民部长甘乃光、工人部长陈树人、妇女部长何香凝等，出席了会议。

当时，彭湃正在海丰参加全县第二次农民代表大会，省农协会议召开后第二天，他匆匆赶到广州。会议听取了《会务总报告》《全国农民运动最近形势及其在国民革命的地位》等报告，通过了《广东农民目前最低限度之总要求》《整理会务》等决议案。

提出并讨论《广东农民目前最低限度之总要求》，是此次扩大会议的中心议程。彭湃在会上对这一提案作了说明：经济方面，最少要减租25%，废除一切杂捐附加税及不法苛抽，规定借贷利率不得超过2分，废除贴租、押租、上期租等；政治方面，乡长应由乡民大会选举，组织各乡公断处处理乡民纠纷及讼累，公断处委员由乡民大会选举。此外，农民要有武装自卫之权；已成立农民自卫军的乡村，不能再成立民团；民团团董、团长、队长之类，应由全乡人民大会公选。

8月25日，即会议闭幕的第二天，会议全体代表及广州近郊1000多名农民，组成"广东省农民协会七路代表团请愿示威大队"，前往国民党中央党部、国民政府、广东省政府请愿。彭湃担任总领队。队伍沿途高呼口号，精神抖擞。

省农会扩大会议后，彭湃全身心投入到反击国民党右派对农民运动破坏的斗争中。参与处理的首件大事，是调查花县惨案。

花县于1924年建立区、乡农会。对于农民运动的开展，当地土豪劣绅极端仇恨，无时不在伺机报复。1925年初，花县农会副委员长王福三被害，成为广东首例地主武装杀害县农会领导人的事件。1926年8月27日，花县民团头子江侠庵向农会发起进攻，攻占了农会所在地宝珠岗、黄麻埔等乡。他们洗劫财物，焚毁房屋，奸淫妇女，残杀民众，制造了惨不忍闻的花县惨案。

惨案发生后，花县农民联合到广州请愿。广州报纸纷纷报道了相关消息，并谴责了民团的暴行。最后，国民党中央党部命令国民政府出兵，并要求广州市郊及南海、番禺的农民自卫军前往支援。在中央农民部及省农会的再三催促下，国民革命军总司令部派出国民革命军第一军第二十师六十团第二营，开赴花县。中央农民部组织了调查委员会随同前往，委员会成员有邓良生、王岳峰、彭湃、关元藏、伍观琪等。

调查委员会共调查13天。其间，彭湃深入群众，认真倾听各种意见，同时密切关注地主豪绅、民团武装的动向，搜集他们破坏农运、残害农民的罪证。另外，他还与包庇民团的调查委员会成员伍观琪，进行了针锋相对的斗争。彭湃非常注意对军队其他将官的疏通教育，以扩大革命力量，分化瓦解敌人阵营。

在彭湃等人的努力下，调处工作进展顺利。9月12日，民团、农会双方达成协议，由民团赔偿抚恤被焚房屋、缴枪六成、交出凶手等。后经彭湃提议，又增加三款：抚恤被打死农友之家属；赔偿天和圩被劫商民之损失；解散平山民团。

9月13日，彭湃等回到广州。翌日下午，国民党中央农民部、省党部农民部、广东省农民协会召开欢迎大会，庆祝花县惨案的圆满解决。与会各界人士共5千多人。雷德、彭湃先后作了报告。事后，彭湃写了《花县团匪惨杀农民的经过》一文，共3万多字，发表于9月20日出版的《人民周刊》。

文章以日记形式记载了调查委员会的活动，揭露了花县民团欺压民众的行径，揭示了伍观琪暗中勾结民团的嘴脸。彭湃指出，花县平山民团局一向以摧残农民运动为能事，他们肆无忌惮地屠杀农民，并招募土匪来助战。甚至在调查委员会到达花县后，民团仍公然与国民革命军为敌。总司令部军官、调查委员会随员魏尧励就死于民团的枪下。国民革命军撤离花县当天，民团又联合土匪，多次对圩镇民众进行劫掠捕杀。这一点，是彭湃在9月20日发表全文后，特地补写进去的，并于10月2日刊发，把地主豪绅及民团武装的罪恶揭露得淋漓尽致。

彭湃在文章中，还就当前革命存在的问题和今后的出路作了说明。他指出，当前革命运动已转入一个新形势——由都市转入农村，正处于革命势力与反革命势力冲突的激化时期。这个时候，革命与反动阵营的分化日益明显，农村的大多数农民、工人、小商人、部分学生、国民党左派及军人都站到革命一边；劣绅、土豪、贪官污吏、逆党匪棍、民团及国民党右派站在反革命一边。鉴于革命与反革命的斗争将持久存在，彭湃认为，处理农村矛盾，仅靠和平调处的办法，是不能根本解决问题的；为今之计，唯有国民政府站在革命一边，肃清内部的贪官污吏，积极保障民众的集会自由，"至少须使农民得到减少重租和高利剥削之痛苦"，国民革命才会有前途！

二、声援五华农友

彭湃调查花县惨案时，五华也接连发生地主武装围攻农会、屠杀农民的事件。

1926年春，五华地主豪绅在县长胡谆支持下，抬高粮价，运粮出境，使本已青黄不接的农民生活陷入绝境。为此，五华农会在共产党员宋青、古大存的领导下，张贴布告，反对米谷出口、哄抬粮价。地主奸商毫不理会，仍继续偷运米谷出境。不得已，古大存率领农军武装阻拦。胡谆等遂诬告农会"破坏工商、扰乱民生"。经过3天辩论，胡谆等理屈词穷，被迫同意将农会扣留的粮食低价卖给农民，但也怀恨在心。六七月间，五华先旱后涝，作物失收，农会决定减租二成。胡谆与东江行政委员徐桴、广东省农工厅厅长刘纪文等串通，宣称减租"殊属不合"，明令禁止。同时，组织地主武装，突然向农民发起进攻。

9月9日至21日，他们先后围攻、捣毁了一、二、三区农会会所，以及多处乡分区办事处，10多名农会干部、农民自卫队员被掳去、杀伤，农民财物被洗劫一空，被焚房屋数以百计，遭难群众达数百人。其间，难民"无家可归，妻哭子号，行将待毙，悲惨情状，实所罕有"。

五华惨剧的发生，使彭湃非常气愤。五华于1923年初建立农会组织。第一、第二次东征期间，当地群众为支援国民革命军，曾立下汗马功劳，作出了巨大牺牲。东征军回师平定杨刘叛乱，陈炯明重新占据东江期间，五华人民"被其屠杀者，不知凡几，家散人亡，尸骸遍野，号哭连天"。东征胜利后，五华农民向国民政府提出3项要求：惩办陈炯明余党；严禁谷米出口，以稳定粮价，保证民食；减租二成，以缓解水旱之灾。这些都是合乎国民党政策、切合时情的正当要求，但五华地主豪绅及国民党右派分子以之为忤，诬告农民造反，并出其不意狠下毒手。

10月间，彭湃相继写出《"敬惜字纸"》《为五华农友哭一声》两篇文章，声援五华农民。其中，阐述了五华农民在反帝反封建斗争中立下的伟大功勋，以及惨剧带给他们的痛苦。他义愤填膺地说：在反革命派的利刀白刃下，五华农友断头碎尸，血肉横流，已经是惨到极点！并且，这一惨剧，不是发生在千百年前，也不是陈炯明统治的时代，而是在孙中山改组国民党，制定扶助农工政策以后，更加令人深思。

彭湃指出，五华农民的要求，光明正大。惩办陈炯明的余党，既为巩固革命基础，也为保障农友生命。禁运谷米出口，乃是因"五华米贵，民食恐慌"，且"以地方的人民团体，来救济地方的民食，早成为农村美尚之惯例"，并无指责之理。至于风灾水灾时期的减租要求，1925年的《政府对农民运动第二次宣言》中早有规定：不遵奉党纲，保卫农民者，即褫夺官职，永不叙用。1926年1月中国国民党第二次全国代表大会决议中重申："本党无论何时，应站在农民利益方面而奋斗。"然而，以五华县长胡谆为首的地方地主势力，公然破坏国民党的革命策略，站到革命群众的对立面。这种行径，实为可耻。

另外，彭湃还将胡谆等地方豪强的幕后支持者——广东行政委员会委员徐桴、广东省政府农工厅厅长刘纪文的反动面目——予以揭露。徐桴在得知农民的减租要求后，不仅不予支持，还授以胡谆全权镇压，称"该县农会所有以前种种不法行为，正在须待拿究之列，嗣后一切动作，自应痛改前非，按道而驰。……仰即查照前令，先行布告所属人民，一体知照，嗣后遇有关于所控农会之事，径呈该县查明，依令办理，毋庸再由本公署核转，以尊重政府命令森严之至意"。这一命令，不啻"教胡谆彻底的反革命，快快把五华农民杀个清光"。刘纪文在收到五华土豪劣绅反对减租的电文后，以广东省政府名义作出批示："查五华农会违法越权，种种骚扰，昨据农工厅呈请核办前来，业经省务会议议决，行县拿办。"一纸书文，便将破坏农会、拘捕农民的反革命行径合法化了。后来，国民党五华县党部控告胡谆"摧残党部，解散工会，压迫农民"时，刘纪文则驳称："调查结果，并无其事。"对此，彭湃不无讽刺地说："不但陈炯明要感谢他，吴佩孚、张作霖与帝国主义者，都要向刘纪文先生，致反革命的敬礼。"

《"敬惜字纸"》《为五华农友哭一声》两篇文章,是彭湃在国民党右派频频向农民群众进攻、广东农民运动日趋困难的情况下完成的。它声援了五华农民的反封建斗争,揭露了国民党右派分子的罪恶本质,也显示了他本人在艰难时期不屈向上的革命精神。彭湃对五华农友呼吁道:"你们不要灰心,你们鼓起从前的勇气,……你们继续努力吧!最后的胜利,终属于你们!"

三、领导潮梅农民运动

1926年1月,彭湃以广东省党部农民部部长身份,兼任潮梅海陆丰办事处主任。6月,他辞去部长职务,全身心投入到领导潮梅农民运动中。10月,中共汕头地委成立,彭湃任地委委员,具体负责农委工作。

自1926年下半年起,潮梅地区的革命形势日趋复杂。7月,国民政府出师北伐。广东各地国民党右派分子以此为借口,大肆勒索工农群众,破坏工农运动。为此,彭湃先后在《犁头周报》和《人民周刊》发表了《〈公债票与农民〉篇后》《出师北伐与省港罢工》两篇文章,进行批驳。

在《〈公债票与农民〉篇后》一文中,彭湃揭露了潮汕地区的土豪贪官以征饷之名掠夺民众的事实:他们将政府的"有奖公债",换个名目叫"北伐军饷",四处搜刮民财,且

1926年彭湃在欢送北伐军群众大会上，中左为彭湃。

言必称"奉总司令电""刻不容缓";他们用平均的方法摊派公债,贫穷之家的儿童与身家百万的财主一样负担,结果"征饷"变成了敛财。尤令人气恼的是,他们以"征饷"为手段要挟农民退出农会——凡为农会会员,承担的摊派既多且重,退出农会,"倒容易磋商一点";如果农会支持贫苦农民减免摊派,便是阻挠北伐,便是"反革命"。彭湃愤怒地指出:"我们一面北伐去攻城夺池,后方拼命来弃掉民众",长此以往,"不但北伐无胜利的保障,国民政府的革命基础,且要断丧在一般贪官污吏、劣绅土豪、逆党之手"。

1926年8月12日,海丰召开全县第二次农民代表大会。会议为期8天,出席代表100人,来海丰参观的第六届农讲所学员300多人列席了会议。大会开幕当天,海丰农民群众60000多人,举行了"七五"农潮三周年纪念大会。8月17日,召开农军慰劳大会。彭湃在《慰劳词》中强调,农民要联合工人一同革命,必须首先武装自己。

12月11日,揭阳县土豪劣绅周伯初、李德萱等,指使流氓绑架了赴揭阳指导工作的中共汕头地委工运负责人、汕头总工会执行委员长杨石魂。听到这一消息,彭湃立即从梅县赶回汕头,参加了汕头地委召开的紧急会议。会议决定,一方面组织工农群众开展示威斗争,一方面派彭湃与汕头各团体及潮梅警备司令部的代表,组织查缉委员会,连夜赴揭阳开展营救工作。

彭湃到揭阳后,先与农会领导人一道,组织群众前往县府请愿示威，又与查缉委员会成员一起，找揭阳县长交涉。彭湃提出，杨石魂在揭阳被绑架，县长理应负责；杨石魂是潮汕工人领袖，不放出他，不但揭阳工农群众不会罢休，整个潮汕的工农群众也不会答应。县长支吾搪塞、不置可否。彭湃等随后责令周伯初等劣绅限期放人，也被置之不理。于是，农军武力包围了县城。最后，劣绅们被迫将被打得遍体鳞伤的杨石魂放出。

12月20日，杨石魂在彭湃的陪同下回到汕头。1927年1月，彭湃、杨石魂等主持召开东江工农商学代表大会，集中讨论发展工农运动问题，通过了农村实行减租退押等多项决议，推选出即将参加广州全省工农商学代表大会的代表。

1927年2月23日至26日，潮梅海陆丰农民和劳动童子团第一次代表大会在汕头召开，粤东17个县的代表近400人出席了大会。罗绮园、杨石魂、李春涛及汕头市商民协会、农

杨石魂

工商联合会代表，列席了会议。彭湃领导了大会的筹备及召开工作。会议开幕前，他发表《为什么要开这个大会》一文，阐明此会的主旨，即检阅力量、扩大组织、巩固内部，以更好抵抗土豪劣绅的进攻。2月24日，又作了《潮梅海陆丰办事处会务报告》，系统讲述了办事处成立一年来的工作，总结了与敌斗争的经验教训。大会根据报告，具体讨论了如何依靠工农，增强自身力量的问题，最后通过16项决议及宣言，并提议由省农民协会发起组织全国农民协会。

大会闭幕以后，彭湃于3月上旬离开汕头，前往广州，结束了潮梅农民运动的领导工作。一年来，粤东17个县全部建立农会组织。其中，7个县成立县农民协会，3个县正在筹备中；62个区成立农民协会，17个成立区农会筹备处。潮梅海陆丰地区的农会会员达27万人。

彭湃到达广州后，参加了3月10日召开的省农民协会第二届执行委员会第二次扩大会议。一周后，又与陈延年、苏兆征等一同前往武汉，参加中国共产党第五次全国代表大会。

四、出席中共"五大"

3月31日，彭湃与部分出席中共"五大"的广东代表团成员抵达武汉。此前一天，中华全国农民协会临时执行委员会于武汉成立，邓演达、毛泽东、谭延闿、谭平山、彭湃、方志敏、易礼容等13人被推为临时执行委员。于是，刚到武汉，彭湃便投入到全国农协的领导工作当中。

全国农协的建立，是全国农民运动发展的必然结果。国民革命军出师北伐后，在农讲所学员的带动下，湘、鄂、赣农民运动发展迅速，形成以两湖为中心的全国农民运动高潮。至1927年3月止，除粤、湘、赣、鄂四省正式成立省农协外，桂、皖、苏、浙、闽、川、直、鲁、豫、陕、热、察、绥13个省，都成立了省农协筹备处，全国会员达950万人。

为统一领导全国农民运动，1926年11月，中共中央决定成立中央农民运动委员会，毛泽东任书记，彭湃、阮啸仙等7人为委员。在中央农委的推动下，1927年2月28日，国民党中央农民运动委员会于武汉召开扩大会议，讨论全国农民协会的筹备事宜。3月30日，粤、湘、鄂、赣四省农协代表与河南农民自卫军代表，在武昌举行联席会议，成立中华全国农协临时执委会，邓演达任宣传部部长，毛泽东任组织部长，彭湃任秘书长。

4月4日，毛泽东主持中央农民运动讲习所开学典礼，彭湃出席并发表演说。他鼓励学员努力学习革命理论和军事技术，把自己培养成农民运动的骨干。之后，他还分两次为学员讲授了《海丰农民运动》。

4月上旬，彭湃出席了毛泽东主持召开的粤、湘、鄂、赣四省农协代表及河南农民自卫军代表联席会议。会上，他对毛泽东提出的重新分配土地，根本解决农民问题的主张，表示积极支持。19日，在国民党中央土地委员会第一次扩大会议上，彭湃再次申明了对于解决农民土地问题的看法：减租虽有利于农民，但不能解决农民痛苦；要解决农民痛苦，必须解决土地问题；对于土劣势力甚大的地方，解决土地问题，必先武装农民。

1927年4月12日，蒋介石在上海发动反革命政变，大肆捕杀共产党人及革命群众。18日，蒋介石于南京宣布另组"国民政府"，下令通缉包括彭湃、彭汉垣在内的197名共产党员及国民党左派。

面对蒋介石的反革命暴行，彭湃派哥哥彭汉垣迅速返回海丰，与中共海陆丰地委取得联系，准备发起武装暴动。4月30日夜，海陆丰人民第一次武装起义爆发。海丰农民自卫军很快占领各机关，随后海丰、陆丰和紫金相继成立人民政府。国民党反动势力闻讯，令国民党革命军第六军第十八师师长胡谦派兵"进剿"。经过几天战斗，农民自卫军寡不敌众，被迫撤出海陆丰，北上辗转至湘南汝城。这一行踪，被国民党反动军队范石生部侦悉。农军与拥有两个团之众的敌军展开了殊死搏斗，伤亡惨重。农军领袖吴振民在战斗中牺牲。

4月27日至5月10日，中国共产党第五次全国代表大会在武汉举行，彭湃被选为大会主席团成员。5月9日，大会选举出新一届中央委员会，彭湃当选为中央委员。

6月初，彭湃离开武汉，到南昌巡视工作。此时，南昌的局势也日趋紧张。6月4日，江西省主席、国民革命军第三军军长朱培德提出"分共"，限令方志敏等22名中共党员及国民党左派人士，离开江西，并通令禁止工农运动。5日，朱培德的部队包围、封闭了省农协、省总工会，各县反动势力也乘机向农民协会发起进攻。当晚，彭湃与罗亦农、方志敏，以及江西省委其他同志紧急召开会议，商讨应对之策。稍后，在江西省委召开的会议上，彭湃作了《关于当前形势与农民运动》的报告。

随着武汉政府反革命风声骤紧，彭湃于6月底吩咐汉口粤籍同志全部返粤，从事地方武装斗争。他还具体布置杨石魂、陈启昌、杨雪如等回潮汕，秘密训练民众，准备革命暴动。

第七章

创建海陆丰苏维埃政府

创建海陆丰苏维埃政府

一、参加南昌起义

1927年7月15日，汪精卫在武汉发动反革命政变，第一次国共合作彻底破裂。为反抗国民党反动派的屠杀，挽救革命的胜利成果，中共中央临时常委决定举行南昌起义。彭湃被推为起义领导者之一，任中共前敌委员会委员。

8月1日零时，南昌起义的枪声响起。起义后彭湃任革命委员会委员。8月3日至6日，起义军分批撤离南昌。彭湃与农工运动委员会一起，随军南下。8月27日，左右两路纵队进驻瑞金。一周后，向福建长汀进发。彭湃与周恩来等随前锋部队，于9月12日开进上杭。在上杭停驻几天后，彭湃随朱德部队进军广东。经过大埔三河坝时，起义军兵分两路：一路由朱德率领留守三河坝，以监视梅县方向的敌军；一路即起义军主力，直奔潮汕。彭湃改随主力部队行动。

彭湃又回到了他长期工作过的潮汕。起义军先头部队进驻汕头后，当即成立东江工农自卫军。彭湃亲任总指挥，杨石魂任副总指挥。9月26日，起义军于汕头召开了数万工农参加的群众大会，彭湃、周恩来、贺龙与叶挺等出席。周恩

國民革命軍第二方面軍總指揮賀示

照得本部各軍　富於革命精神

此次南昌起義　原為救國救民

轉戰千里來粵　只求主義實行

對於民眾團體　保護十分嚴護

對於商界同胞　買賣尤屬公平

士兵如有騷擾　准其捆送來營

本軍紀律森嚴　重懲決不姑徇

務望各安生業　特此鄭重申明

南昌起义军军告

来与彭湃分别作了讲话。彭湃讲述了南昌起义的伟大意义，揭露了蒋介石、汪精卫的反革命罪行，号召潮汕人民团结斗争，争取新的胜利。

接着，根据前委决议，起义军再次分兵：周逸群率领二十军第三师和政治保卫处警卫团驻留潮汕；贺龙、叶挺等率领主力，即二十军第一师、第二师及十一军第二十四师共6000余人，继续西进，拟经揭阳、丰顺入惠州。彭湃率领东江工农自卫军总指挥部38人随行，担任政权组建及后勤、联络工作。途经揭阳时，彭湃指挥部队，解救出被关入狱的革命同志，并发动群众，成立了揭阳县工农革命委员会。

9月27日，起义军指挥部得到情报，称敌军正在汤坑至山湖一线集结，遂即召开军事会议，决定全力攻打汤坑、山湖，以扫清通向惠州的障碍。战斗从28日下午打到30日凌晨，起义军以六千兵力对抗近2万名敌军，战况空前惨烈！其间，彭湃与贺龙、叶挺一道在前线指挥作战。他还联合揭阳县工农革命委员会，动员上千名工农群众，运送粮食、弹药，并组织2000多名农会会员及赤卫队员，奔赴战场，担任后勤及警戒工作。

由于敌众我寡，起义军弹药用尽，被迫向揭阳城退却。撤离时，彭湃组织农民自卫军，对伤员进行了收容、转移，并将贺龙经他转赠给揭阳县委的20支步枪和9000发子弹，妥善交予相关人员保存。之后，才急忙赶上撤退队伍。退回揭阳后，起义军本打算回潮汕，与前委、革委机关会合后，再退到福建。途中得知潮汕失守，遂接受彭湃建议，改向海陆丰转移。

潮汕失守前夕，中央政治局委员、广东省委书记张太雷，从上海经香港秘密到达汕头，向周恩来等传达了"八七"会议精神，并代表党中央作了指示：改革命委员会为苏维埃；潮汕若失守，起义领导人返上海党中央工作；地方党组织注意隐蔽；部队转到海陆丰，建立苏维埃政权。

10月3日，周恩来组织前委、革委机关人员，于普宁流沙镇召开决策会议，传达"八七"会议精神，讨论未来革命走向。出席会议的有彭湃、李立三、恽代英、张国焘、谭平山、贺龙、叶挺、刘伯承、聂荣臻、郭沫若、吴玉章、林伯渠等。周恩来传达了党中央的指示，总结了起义失败的原因与教训，决定整顿军队，撤到海陆丰坚持斗争。彭湃在发言中再次强调了土地革命的重要性，提出应马上放弃使用国民党旗帜，改用红旗作革命标识。

由于敌军袭击在即，会议被迫中断，起义军继续向海陆丰方向行进。在到达莲花山时，与前来堵截的陈济棠第十一师，及徐景唐第十三师遭遇。激战中，指挥部和部队失去联系，伤亡惨重，只能分散突围。贺龙、刘伯承、周恩来、叶挺、彭湃、恽代英等，分别从汕头、陆丰等海口乘船到香港。

10月15日，中共中央南方局和广东省委在香港召开联席会议。彭湃以南方局委员身份出席。中央政治局委员、广东省委书记张太雷在报告中提出，今后革命斗争须注意三个问题：没收地主土地、建立革命政权、宣传苏维埃。

根据"八七"紧急会议及此次联席会议精神，彭湃写了《土地革命》一文，于中共广东省委机关刊物《红旗周刊》（10月30日创刊）第一期发表。他集中论述了土地革命的重要性和必要性，提出"无产阶级要推翻帝国主义军阀和资产阶级的掠夺与压迫，解除全中国大多数人的痛苦，只有实行土地革命"，只有这样，才能从根本上推翻帝国主义和军阀统治，打倒土豪劣绅。他还谈到工农武装暴动胜利后的任务：

第一，须把土豪劣绅大地主贪官污吏军阀寸草不留的杀个净尽；第二，工农阶级武装起来，扩大有训练的军队，才能保障土地革命的胜利；第三，一切土地分配给农民和革命军士的家庭去耕种；第四，毁灭一切土地的契约和债券；第五，一切政权统归农工兵代表会。

这些主张，成为后来创建海陆丰苏维埃的指导思想。

二、创建中国第一个苏维埃政权

1927年11月8日，受中央南方局委派，彭湃从香港返回海丰，以中共东江特委书记身份，肩负起创建海陆丰苏维埃政权的重任。

在彭湃的动员下，11月13日，陆丰县第一次工农兵代表大会举行，随即建立了陆丰县苏维埃政府。张威等15人被选为苏维埃政府主席团执行委员。11月18日，海丰县工农兵代表大会召开，3天后成立海丰县苏维埃政府。杨望等13人任海丰县苏维埃政府委员，林彬等4人任海丰县苏维埃政府裁判委员会委员。两次大会召开期间，彭湃始终承担着具体的领导、组织工作。

海丰县工农兵代表大会开幕当天，海城被装扮一新。马路扫得干干净净，街上红旗招展，户户张灯结彩。会场的所在地"孔庙"，被刷成红色，室内的圆柱用戏布捆扎起来，室外的地板铺满了绿油油的松针，回廊、走道、泮池周围的石栏杆上，挂满了红布花结，会场正壁上挂着马克思、列宁的巨像和国际旗，门口对联上写着：开好工农兵代表大会，奠定苏维埃政权宏基。放眼望去，犹如进入一片红色的海洋。这个地方，也自此有了一个形象的称呼——红宫。

出席会议的代表共311名，其中，农民占60%，工人占30%，士兵占10%。红二师第四团全体指战员，以及紫金、惠阳、陆丰的农民代表共200多人也参加了大会。大会主席、各机关团体及工农兵代表先后致辞之后，彭湃代表中共中央发表了简短的演说。

彭湃回顾了辛亥革命以来，工农群众为革命事业做出的巨大牺牲，揭露了国民党反动派叛变革命、屠杀工农群众及

红宫

共产党人的罪恶事实。他还阐述了土地革命的意义：维护以土地为主要生产资料的私有制度，是反动政府、反动军队（军阀）组建的根本目的，因此，要解放工农群众，必须在共产党的领导下，打倒反革命政府，打倒反动军队，打倒土豪劣绅大地主。演说最后，彭湃号召工农兵团结起来，实现"一切武装交还工农兵""一切政权交还工农兵"。

下午，彭湃向大会作了政治报告。他用浅白的语言，分析了国内外阶级斗争的形势，阐明了新生红色政权的性质、任务和施政方针，指出了以后的斗争方向和策略。他指出：国民党已堕落为一个反动政党，变成一种"新军阀"；尽管反革命潮流一天天高涨，但革命势力也在一天天高涨，"我们全国的工农群众，能够像湖南、湖北的农民一样，反革命的势力不久就可以肃清了"。他还一再肯定了海陆丰人民在第三次武装起义中的无畏精神："这回海丰工农群众和敌人斗争，确实英勇，不但广东难比，即在全中国全世界也难得。"

19日，大会进入讨论提案程序。通过审查，提交大会的提案共8项：没收土地案；杀尽反动派案；改良工人生活案；改良兵士生活案；抚恤遭难烈士及被祸工人家属案；取消苛捐杂税案；妇女问题案；禁止米谷出口案。

关于没收土地案的讨论最为激烈。提案委员会提出六条施行办法：一是拥护工农革命军，消灭民团、保安队等反革命军队；二是打倒反革命政府；三是焚烧契约租簿；四是掘去田茔；五是由苏维埃政府向农民颁发田地使用证；六是分配田地。一些代表认为议案不够具体，尤其是第六条未能明确土地分配中出现的种种实际问题，如以什么标准分配？一次性分配还是定期分配？分配后应几成上缴政府？等等。在讨论中，彭湃提议分田大体按4个标准：人数多少；劳动力强弱；家庭经济状况；土地肥瘠程度。他还提出分田应秉持两个原则：不劳动不得田地；不革命不得田地。彭湃的意见得到代表们的广泛支持。另外，代表们还就其他问题取得了一致意见，如限期田茔于旧历十一月十五日以前掘完；办公费及公益金须按收成的十分之一缴纳，等等。

21日下午，大会选举产生了海丰县苏维埃政府。当选的政府委员和裁判委员，接过代表大会授予的"海丰苏维埃政府"的大印，宣誓就职。接着，彭湃代表中共中央作了最后讲话。他指出，海丰工农兵政权的建立，是利用敌人内部矛盾，及他们调兵遣将的间隙，而不是通过土地革命，与土豪劣绅直接对抗得来的，因此并不稳固，希望各位代表再接再厉。

工农兵代表大会结束后，县临时革命政府决定兴建"红场"。随后10天里，数以千计的海丰民众日夜劳作，很快把荒芜多年、荆棘丛生、崎岖不平的东仓埔整为平地。彭湃亲自设计了庄严肃穆的"红场门"。12月1日，海丰工农群众50000余人，在"红场"举行了隆重的庆祝大会，庆祝海丰苏维埃的诞生。

红场

陆丰、海丰两县苏维埃政府的相继成立——通称"海陆丰苏维埃"，是中国建立的第一个苏维埃政权。它的建立，是中国民主革命史上一个里程碑式的事件。工农兵代表大会在《通电》中称："这种举动，是中国前古所未有；即在世界上，除苏俄以外，亦是第一次。……这种壮举，实开中国无产阶级革命的先声！"

海陆丰苏维埃政府成立后，立即开展了大规模的土地革命运动。党中央刊物《布尔什维克》第13期记述了当时的情形：

一切田界——地主所有的界限，完全取消，一切地主私有的田地和剥削农民佃户的田契、租约、借券等等，完全当众销毁。一切田地都归乡村苏维埃收归公有，分配给农民耕种。一切当铺的财物完全没收，无价发还典质的贫民，一切反革命派的豪绅地主的财产充公，作为苏维埃工农兵政府的费用，用来救济贫民，从事公共建设，扩充工农兵政府的革命军队。

据海丰、陆丰两县县委报告，截至1928年2月，海丰大部分土地已分配完毕，陆丰没收、分配的土地占到全县土地总数的40%。这次由共产党领导的土地革命实践，在中国历史上是破天荒的，为以后的农民革命斗争树立了光辉的典范。

海丰苏维埃政府旧址

苏维埃政府通过招募志愿兵的办法，选拔出1000多名青年，组编成工农革命军第二师第五团。各乡也纷纷组建不脱产的赤卫队。至1928年1月14日，海丰县就有赤卫队员37803人，常备赤卫队员451人。一些地方还成立了妇女武装——"粉枪团"。海丰赤坑一次动员大会上，参加"粉枪团"的妇女达10000余人。苏维埃政府也广泛开展社会改革，比如实行8小时工作制，推行男女同工同酬；设立军人学校、俱乐部，实行军队经济公开，分配退伍士兵土地；抚恤烈士及被害农工家属，主张婢女、童养媳婚姻自主；实行少儿免费入学，创办学校及各种训练班；兴建医院学校，组织宣传队和歌舞团；出版《红旗日报》及《布尔什维克》刊物，等等。

对于海陆丰苏维埃取得的成就，党中央在1928年临时政治局会议决议案中这样评价："中国革命之中，这是第一次由几万几十万农民自己动手实行土地革命的口号，第一次组织成工农兵群众的无限制的政权"；"海陆丰苏维埃政权之丰富的材料，它的胜利，它的经验，应当充分的运用到一切农民暴动中去"。

三、东江暴动

海陆丰苏维埃政权建立后，彭湃与董朗一起，率领红二师一部收复了碣石和消灭了杨作梅匪部。广州起义的消息传到海陆丰后，彭湃立即组织海陆丰革命武装，兼程前往广州策应。中途获悉起义失败，又折回海丰。

广州起义失败后，彭湃分析了惠阳、紫金、惠来、普宁、五华等县的形势，考虑到惠州有张发奎重兵把守，建议改向惠来发展。他还决定发动东江各县，举行年关暴动。

1928年1月3日，彭湃领导召开了东江农民代表大会，出席代表79人，为期3天。会上，彭湃作了关于广州起义及土地问题的报告，并就年关暴动作了动员与部署。大会最后一天，红四师抵达海丰，全体代表举行了欢迎大会。

红四师是参加过广州起义的队伍，包括第四军教导团、警卫团主力和工人赤卫队约1200人。起义失败后，这支队伍退至花县整编，改称工农红军第四师，由叶镛任师长，袁裕任党代表，下辖第十、十一、十二团。1928年1月5日，红四师在红二师五团的接应下，抵达海丰。彭湃向袁裕了解全师情况，主持召开了红四师第一次党员大会，了解了师党委内部存在的一些问题。次日，彭湃主持改组了师党委，袁裕仍任书记。之后，又召开了东江特委、红二、红四师负责人联席会议，决定红四师主力向东发展。

联席会议后，红四师除第十团驻留海丰外，其余部队在彭湃、叶镛的率领下，开进陆丰，平定了"白旗会"（当地一个有宗教色彩的地主武装）匪乱。随后，彭湃根据广东省委关于东江暴动改向潮汕发展，以形成武装割据的指示，率红四师十一、十二团，向普宁进发。抵达后，他抱病指挥十一团及普宁工农革命军，向地主武装发起猛攻。仅一周时间，便相继攻克果陇、和尚寮两个据点。

在胜利的基础上，普宁县第一次工农兵代表大会在坡沟召开，选举成立了普宁县苏维埃政府。随后，彭湃留下红十一团休整，自己返回惠来，指挥红十二团与当地农军，2月24日，攻下惠来、陆丰两县地主武装的大本营——英潭。自此，海陆丰到潮汕的通道被打通，海、陆、惠、普几个红色区域连成一片。

海陆丰苏维埃的建立和扩展，使国民党反动派十分震惊。国民党反动派于1928年2月，分兵几路，海陆并行，大举进犯海陆丰苏维埃。29日至30日，陆丰、海丰县城相继失守。3月26日，海陆丰苏维埃后方基地中峒被敌方攻占。仅存在4个月的海陆丰革命政权，笼罩在白色恐怖之中。

四、转战大南山

当国民党军队攻陷海陆丰时，彭湃正在大南山深处的普宁三坑。得知苏维埃失败的消息，他率领红四师第十一团余部100多人，赶往惠来兵营村，与转移到此的叶镛、徐向前的红四师第十、十二团余部会合。鉴于敌强我弱的形势，红二、四师决定驻留大南山，开展武装割据斗争。

大南山横跨潮阳、普宁、惠来三县边界，东西长百余华里，南北宽70华里；西北低，接连海陆丰的莲花山脉，军事上有迂回的余地；东南高，南濒大海，可以从香港补充枪支弹药；境内层峦叠嶂，关口狭隘，地势险要，是坚持游击斗争的天然蔽体。

3月上旬，东江特委及惠来县委在兵营村主持召开惠来县农民代表大会，决定成立攻城总指挥部，攻夺惠来县城，援助海陆丰。

随后，彭湃与东江特委展开紧张的准备工作，提出"土地归农民，政权归工农兵"的口号，动员各地民众作好战斗准备；组织普宁、潮阳农民赤卫队截断敌军交通，干扰敌军后方，协助主力进攻。经他们组织而参与斗争的农民，仅惠来县就不下10万人。

战斗首先对准的是隆江。它距县城仅30华里，是惠来县城的屏障。据守隆江的敌军见红军来势凶猛，不战而溃，后在逃往县城途中，被农民赤卫队全部歼灭。

3月11日，彭湃与攻城总指挥部到达县城东面的苗海村。当晚，召开攻城誓师大会。彭湃在会上作了动员，称此次攻打惠来，有三个拳头：一是惠来的农民兄弟；二是潮惠普的人民武装；三是工农红军。次日，攻城开始。红军指战员、县赤卫队及各乡手持尖串的农民，约10万人，将惠来城围得水泄不通。彭湃头戴竹笠，脚穿草鞋，手持长枪，在前线亲自指挥战斗。经过3天围困，驻守县城的敌二十七师第七十六团两个营，渐渐招架不住，最后等不及增援军的到来，弃城逃命。彭湃率领部队随即占领县城。

七十六团在兵败途中，刚好与前来增援的敌七十七团相遇。两团联合，共1700余人，一起向县城反扑。彭湃和攻城总指挥部鉴于敌军势众，为避免无谓伤亡，率军主动退出县城。3月21日，红二师第四团300余人，在师长董朗的率领下，抵达惠来。彭湃立即召开负责人联席会议，重新部署了攻城计划，决定加强政治宣传攻势，摧垮敌军的斗志。

于是，一场劝降的政治攻势全面展开。彭湃亲自到阵地前沿对守城敌兵喊话。一批批宣传、教育的劝降传单，借助风筝传到城内。传单上写着"穷人不打穷人""红军增兵已到""及时投降，否则走投无路"等标语。敌军士兵在"攻心战"的打击下，一时间秩序大乱。七十七团团长向卓然欲上城墙探个虚实，刚一露头便被一枪毙命，这更加重了敌军的恐慌。22日深夜，敌军偷偷撤出县城，红军顺势重新占领了惠来城。

收复惠来城后，彭湃领导惠来县委，迅速成立县苏维埃，大力开展土地革命。当看到城里许多群众仍住着草棚，彭湃提议拆除城墙，帮助他们建造砖石房子。这个提议得到群众的一致拥护。仅5天，惠来县城的城墙就被全部拆除。

惠来县苏维埃政府建立不久，彭湃与东江特委的同志决定乘胜向潮阳、普宁发展。随后，彭湃率红四师进兵潮阳，红二师大部开往普宁，只留红二师的两个连驻守惠来。这一方案，给敌军反扑以可乘之机。4月初，占领海陆丰的敌第十一师余汉谋部，派兵进犯惠来。同时，占据中峒的黄旭初部，也挥师普宁。留驻惠来的红二师两个连，在强敌压境之下被围困。4月5日，惠来县城被敌军攻克。

东江特委机关和惠来县苏维埃政府，被迫迁到远离县城的山区林樟乡。普宁、潮阳的红军及赤卫队，也先后撤到大南山深处普宁三坑一带。在林樟乡，彭湃主持召开了东江特委和红二、四师师委紧急会议，决定回师海陆丰。红二、四师和潮阳赤卫队正在普宁盐岭集中待命时，4月8日突然遭到敌黄旭初部的袭击。红军突破重围，向五华方向撤退，后分别转移到海丰公平及陆丰激石溪一带。

4月13日，中共广东省委召开扩大会议，督促加紧实现东江、琼崖的割据。为此，海丰、陆丰县委于5月3日对海丰县城发起进攻。由于缺乏严密部署，先行部队遭到敌军的前后夹击，伤亡惨重。彭湃得到消息后，5日至12日在惠来林樟乡召开三县负责人联席会议，对这次失败教训作了总结。同时，决定成立三县暴动委员会，将驻留潮惠普的红军300多人，及三县赤卫队，合组为红军第五师，以袁裕为师长。会议还决定分别召开三县工农兵代表大会，具体安排各县暴动事宜。

5月12日，彭湃主持召开惠来县工农兵代表大会，决定于5月20日收复惠来县城。5月19日，各区赤卫队在预定时间未能赶到，攻城计划被迫推迟。次日，召开惠来县苏维埃代表大会，拟向军民解释改期原因及日后部署情况，但这时突然遭到敌军的突袭。最终，东江特委和惠来县委机关被冲散，林樟乡再次被敌攻占。

彭湃突出重围之后，在群众的掩护下，来到普宁的白马仔村，随后，东江特委的其他同志随后也陆续来到这里。在白马仔村的这段时间里，彭湃常常步履草鞋，身穿布衣，手持尖串，背着竹篓，风里来，雨里去，出没于深山密林之中。他一边指挥战斗，一边与东江特委同志一起，回顾潮惠普暴动历程，总结革命失败教训，规划潮惠普三县今后的行动方针。他将这一情况形成书面材料，派人送报省委。7月上旬，彭湃离开白马仔村，返回惠来林樟乡，准备集中潮惠普三县的革命力量，重新夺取惠来县城，以支援海陆丰方面的斗争。

省委研究了彭湃的报告后，分别于7月17日、18日，两次致信东江特委，对东江各项工作作了详尽指示。省委决定合并东江特委与潮梅特委，成立新的东江特委，以彭湃为书记；成立东江特委军委，由彭湃、黄钊、颜昌颐、董朗等负责军委工作；取消红五师编制，人员分别编入红二、四师。

1928年6月，中国共产党第六次全国代表大会召开。彭湃当选为中央委员，随后，被选为中央政治局候补委员。根据中共六大决议精神及省委指示，东江特委将红二、四师主力调往海陆丰，特委机关也迁到潮阳雷岭。尽管条件极为恶劣，但在彭湃的领导下，大南山革命根据地在敌人的"围剿"下始终保持发展势头。

1928年11月，彭湃与红四师党代表袁裕一起，离开大南山，经汕头、香港，到达上海，任中共中央农委书记。

第八章

永远的丰碑

1929年8月24日，由于叛徒出卖，彭湃被捕。就义前，彭湃和杨殷等给周恩来写了最后一封信："我等此次被白（白鑫）害，已是无法挽救。张（张际春）、梦（孟揆，即杨殷）、孟（彭湃）都公开承认，并尽力扩大宣传。他们底下的丘（丘八，国民党士兵）及同狱的人，大表同情。尤是丘等，听我们话之后，竟大叹气而捶胸者。我们在此精神很好。兄弟们不要因为弟等牺牲而伤心。望保重身体为要。"

就在彭湃给党中央写完信后，蒋介石便下达了处决手令。行刑之前，国民党反动派对彭湃反复施以酷刑，直至他手足俱折、体无完肤，连续晕去达9次之多。彭湃被抬回牢房后，难友们看到他的样子，心里非常难过。彭湃却忍着伤痛，极力安慰、鼓励大家。他在墙上画了一条龙，风趣地说：你们看，我要像这条龙一样升天了。29日，彭湃在上海龙华与杨殷、颜昌颐、邢士贞一起被国民党杀害。

彭湃等四位同志就义的噩耗传到党中央，周恩来含着热泪连夜起草了《中国共产党反对国民党屠杀工农领袖宣言》，发表在党中央机关刊物《红旗》第四十三期上。文章

彭湃等就义前写给党中央的信的手迹

彭湃等就义前写给周恩来的信的手迹

有力控诉了国民党反动派与帝国主义联手杀害革命领袖的罪行，高度评价了彭湃为革命英勇奋斗的一生，以及工农群众对他的无尽爱戴：

> 他曾领导海陆丰几万农民，开始中国农民反抗地主剥削的革命斗争，他曾指导着全广东几千万农民不断地反抗一切地主阶级残酷的榨压；他曾亲身领导东江海陆丰广大农民群众实行土地革命，肃清反动帝国主义与封建势力，反抗资产阶级的剥削，创立苏维埃政权。他并参加南昌暴动。他这样英勇的斗争的历史早已深入全国广大（工农）劳苦群众的心中，而成为广大群众最爱护的领袖。谁不知广东有彭湃；谁不知彭湃是中国农民运动的领袖？一切反革命派污蔑他是杀人放火的凶犯，但广大工农劳苦群众，尤其是几万万农民群众都深深知道他是他们最好的领袖，是土地革命的忠实领导者！

9月5日，党中央发出通告，号召各级党组织领导全体同志，将彭湃等同志"领导革命斗争的事实与他们英勇的牺牲，特别是帝国主义国民党惨无人道的罪恶，到群众中去作广大的宣传"；同时号召群众进行集会和示威，反抗帝国主义国民党暗杀政策，追悼他们死难的领袖！

9日，江苏省委发出通告，要求各地党组织"在农村中间，广泛的宣传彭湃"，并把这一宣传"与本地的实际斗争的鼓动相联系"。

16日，广东省委向各特委、县市委、特支及各党团组织发出通知，号召全省人民"勇敢、勇敢、更勇敢地冲上前去！继续着彭杨诸同志的精神奋斗！完成他们未完的任务"。在海陆丰，家乡人民在当地党组织的领导下，不顾外界阻挠，在莲花山下的白水磜为彭湃举行了隆重的追悼会，并印发了《追悼中国共产党中央执行委员会委员彭湃同志告工农群众书》。

20日，江西省委发出通告，要求各地尽可能公开召集各式哀悼大会，向广大群众指陈反动统治阶级的罪恶，并号召他们"以自己的力量来保护其阶级的领袖"。在红色区域，革命群众臂缠黑纱，呼着口号，举行了大规模的示威活动。

29日，上海各界群众举行大会，发布《为追悼被国民党惨杀的彭杨颜邢四革命领袖告上海民众书》。同日，上海工会联合会、中华全国人道互济总会和上海市人道互济会等也联合印发传单，用各种体裁形式，控诉反动派的罪行，缅怀彭湃等人的功绩。

为纪念彭湃和杨殷，1930年，大南山与鄂豫皖革命根据地先后建立"彭杨军事学校"；湖北红安县城设立了"彭湃街""杨殷街"和"彭杨小学"；1942年，毛泽东在延安向党员宣讲群众路线时，再一次肯定了彭湃开展海陆丰农民运动的成就，赞扬他为"农民运动的大王"。

1930年，在彭湃等人遇害一周年前夕，周恩来以冠生为

一九三〇年八月三十日　　紅旗日報

全世界無產階級與被壓迫民族聯合起來！

紅旗日報

中國共產黨中央委員會機關報

一九三〇年八月三十日

星期六

提要

今日是彭湃楊殷顏昌頤邢士貞四同志被難

紅軍由平瀏醴三路會攻長沙（二）張學良派兵

德國共產黨宣言否認凡爾塞和約與楊格計

本報特別啓事

紀念着血泊中我們的領袖！

彭楊顏邢四同志被敵人捕殺經過

紅軍由

周恩来于《红旗日报》登载《彭杨颜邢四同志被敌人捕杀经过》一文。

笔名，发表了早在一年前就写好的《彭杨颜邢四同志被敌人捕杀经过》一文。文章详细记述了彭湃等同志被捕后临危不惧、坚贞不屈的英雄事迹，讴歌了他们忠于党、忠于人民、对共产主义事业必胜的坚定信心，指出"广大的革命群众虽看不见他们领袖的英勇遗体，然他们领袖之英勇战绩，却永远光明地纪念在每一个人的心中，永远不会湮灭！"

彭湃为中国革命事业作出的贡献，永载史册。他用鲜血和生命铸成的丰碑，永世长存！

附 录

彭湃生平活动简表

彭湃生平活动简表

清光绪二十二年（1896）

10月22日，出生于广东海丰。

光绪二十七年（1901） 5岁

进海城七圣宫读私塾。

光绪二十九年（1903） 7岁

入读林祖祠小学。

光绪三十二年（1906） 10岁

父亲与嫡母相继去世。

清宣统元年（1909） 13岁

入读海丰第一高等小学。

宣统三年（1911） 15岁

辛亥革命在武昌爆发。

民国元年（1912） 16岁

受家族之命，与蔡素屏结婚。

民国二年（1913） 17岁

入读县立海丰中学。

民国五年（1916）20岁

联合陈复、陈魁亚、林苏等，捣毁驻军统领林干材的石浮雕像。

民国六年（1917）21岁

春，赴广州，就读广府中学。夏，东渡日本，入读东京成城学校，并改名彭湃。

民国七年（1918）22岁

5月，为反对《中日陆军共同防敌协定》，与友人特摄"国丧纪念"照片，"以示国仇之不忘"。后罢课回国，组织学生开展废约救亡运动。9月，考入早稻田大学，攻读三年制政治经济科。

民国八年（1919）23岁

五四运动爆发后，参加留日中国学生在东京举行的国耻纪念集会，及示威游行。之后，破指血书"毋忘国耻"四个字，连同书信寄回海丰学生联合会。暑期，返海丰，开展爱国救亡宣传运动。9月，在日本参加"建设者问盟"活动时，还加入了"劳动者同情会"，开始研究社会主义诸家学说。

民国九年（1920）24岁

10月，与李春涛、杨嗣震、林孔昭等于东京发起组织"赤心社"。11月，加入由日本人堺利彦和朝鲜人权无为等发起组织的"戈思母"俱乐部。

民国十年（1921）25岁

5月，毕业返国，加入中国社会主义青年团。于海丰成立"社会主义研究社"。7月，发起组织"劳动者同情会"。9月，于《新海丰》创刊号发表《告同胞》。10月，就任海丰县劝学所长（后改为海丰县教育局局长）。

民国十一年（1922）26岁

2月，以行动支持县议员彭汉城提出的拆城案，并因此与海丰劣绅陈月波等发生冲突，遭到排挤与迫害；3月，赴广州。4月，返海丰，组织学生举行"五一"劳动节庆祝游行。不久，被免去教育局长职，与李春涛等创办《赤心周刊》。6月，深入农村，投身农民运动。7月，创立"六人农会"。10月，创立赤山约农会。

民国十二年（1923）27岁

1月，海丰县总农会成立，任会长。3月，组织农会会员进行请愿示威，迫使县法庭及"粮业维持会"释放被扣农友。7月，"广东省农会"成立，任执行委员长，亲自起草广东省农会章程。8月，领导海丰农民掀起减租风潮。后利用陈炯明，成功救出被捕农友。

民国十三年（1924）28岁

3月，农会被取缔，离开海丰，前往广州。4月，加入中国共产党，任国民党中央农民部秘书。5月，赴广宁发动农民运动。7月，创办第一届农民运动讲习所，任主任。11月，赴广宁，参与领导减租斗争。

民国十四年 （1925） 29岁

2月，参加东征。3月，返粤东，领导重兴海陆丰农民运动。5月，广东省农民协会成立，被选为常务委员。9月，开办第五届农民运动讲习所，首次招收省外学员。10月，被选为广东省党部执行委员，后任省党部农民部长。12月，赴广宁指导农民运动。

民国十五年 （1926） 30岁

1月，发表《海丰农民运动报告》。任广东省农民协会潮梅海陆丰办事处主任，赴粤东领导农运。5月，被选为广东省农民协会第三届执委会常委。6月，出席国民党广东省党部执行委员会第三十次会议，辞去农民部长职。9月，调查"花县惨案"。于《人民周报》先后发表《花县团匪惨杀农民的经过》《为五华农友哭一声》两文，声援两地农友斗争。12月，赴揭阳营救杨石魂。是月，与许冰结婚。

民国十六年 （1927） 31岁

3月，被举为中华全国农民协会临时执行委员会委员，后任农协秘书长。4月，出席中共"五大"，任中央委员。南昌起义爆发后，任中国国民党革命委员会委员，兼任农工委员会委员。后随军东进，开展武装斗争。11月，领导民众，创建海陆丰苏维埃革命政权。

民国十七年（1928）　32岁

发动民众开展武装斗争，扩大苏维埃革命根据地。7月，于中共六大被选为中央委员，后又被选为政治局候补委员。11月，赴上海工作，任中共中央农委书记。

民国十八年（1929）　33岁

2月，任中共江苏省委常委、省委军委书记。7月，返中央农委工作。8月24日，因叛徒出卖，于沪西区新闸路经远里12号2楼被捕。30日，牺牲于龙华国民党淞沪警备司令部。